子どもがいきいき動き出す！

係活動
システム&アイデア事典

静岡教育サークル「シリウス」編著

明治図書

はじめに

　「今日は天気が悪いから、みんなで雨の日の遊びをやるよ～！」
　「遊び係」がクラスのみんなに呼びかけます。昼休み、それぞれがトランプをやったり、オセロをやったりしています。ときにはみんなでハンカチ落としをやったり、いすとりゲームをやったりもします。
　係活動。それは、クラスの"システム"です。
　クラスのシステムがうまく動いていれば、子どもたちは学校生活を楽しく、自然に送ることができます。
　ところが、このシステムが止まってしまうと、とたんにクラスの動きも止まってしまいます。
　「計画係」が止まってしまえば、明日の予定がわかりません。
　「遊び係」が止まってしまえば、雨の日に廊下や階段で騒いでしまいます。学級づくりに欠かせないこのシステムを構築することは、担任の力量にかかっています。また、学期のはじめだけでなく、途中で新しい係がどんどん生まれるように、子どもたちから様々なアイデアを引き出すのも担任の役割です。本書には、そのためのエッセンスがいっぱい詰まっています。
　本書を参考に、子どもたちがいきいきと動く係活動が生み出され、日本中のクラスが、活力あるすばらしい学級集団になることを願っています。

　この本は、静岡教育サークル「シリウス」、藤枝教育サークル「亀の会」のメンバーが長年培ってきたノウハウの結晶です。サークルのメンバーのみなさんに、感謝いたします。また、企画の段階から、いろいろなご助言をいただいた明治図書の矢口郁雄さんには本当にお世話になりました。この場を借りてお礼申し上げます。
　2015年2月

静岡教育サークル「シリウス」代表
柴田　克美

はじめに

1章 係活動を成功に導く5つのポイント

❶ 係の決め方 …………………………………………………………………… 8
❷ 係の種類 ……………………………………………………………………… 8
❸ 活性化させる手だて ………………………………………………………… 10
❹ 教師のかかわり方 …………………………………………………………… 12
❺ 活動を継続するための工夫 ………………………………………………… 14

2章 子どもが進んで動く！定番係活動のシステム＆アイデア

係名	タイトル	ページ
窓係	色セロハンで教室の窓がステンドグラスに	22
窓係	専門の道具を使って本格窓清掃	24
手紙係	たくさんの手紙運びもこれでOK	26
靴箱係	子どもが進んで動く靴箱整頓システム	28
生き物係	大好きな生き物をみんなに紹介しよう！	30
掲示係	好きなキャラで掲示物を飾ろう！	32
あいさつ係	朝のあいさつを元気よくするための合い言葉	34
あいさつ係	言葉のやまびこで習得させたい言葉を口ぐせに	36
体育係	マイ笛で体育の授業をリードしよう！	38
予定係	明日の予定をわかりやすく伝えよう！	40
連絡係	オリジナル名刺で早く名前を覚えてもらおう！	42
落とし物係	落とし物はくじ引きでリサイクル	44
おたより係	紙の分別で教室内をスッキリ	46
音楽係	指揮者のコメントでクラスの歌唱力UP	48
チェック係	宿題のチェックは子どもたち自身で	50
黒板係	黒板でメッセージを伝えよう！	52
配達係	配布、返却するものは配達ボックスへ	54
クリーン係	専用道具でがんこな汚れを落とそう！	56
伝達係	お休みした子にメッセージを届けよう！	58
学級旗係	世界に1つだけのクラスのシンボルをつくろう！	60

3章 どの子も活躍！個性派係活動のシステム＆アイデア

廊下で走るのストップ係	笑顔でストップ、廊下のダッシュ	66
隅専門の掃除係	教室の隅々まできれいにしよう！	68
さよならじゃんけん係	王様とじゃんけんで勝負して下校しよう！	70
カウントダウン係	行事に向けて気持ちを盛り上げていこう！	72
ソート係	提出物の並べ替えならお任せあれ	74
あいさつがんばり隊	みんなであいさつへの意識を高めよう！	76
お笑い係	コントでクラスを盛り上げよう！	78
クラス遊び隊	昼休みのクラス遊びをプロデュース	80
クイズ係	楽しいクイズでクラスを和やかに	82
誕生日おめでとう係	友だちの誕生日をみんなでお祝いしよう！	84
パーティ係	ニコちゃんを貯めてパーティを開こう！	86
くだらない歴史係	クラスのくだらない歴史を記録しよう！	88
ほめほめ係	友だちのがんばりをみんなでたたえよう！	90
ランキング係	ランキング形式でみんなのことをもっと知ろう！	92
ニセ児童会	みんなのためになることを勝手にやろう！	94
手品係	みんなで手品を楽しもう！	96
写真係	最高の瞬間を最高のクオリティで	98
イベント係	楽しいイベントで学校生活を盛り上げよう！	100
雨の日対策係	急な雨でも心配無用	102
今日の一句係	クラスの出来事で一句詠もう！	104
学級新聞係	クラスのみんなをつなぐ楽しい新聞をつくろう！	106
お天気係	リアルタイムで気象情報を発信しよう！	108

4章 子どものやる気に火をつけろ！係活動の盛り上げアイデア

- 広報ポスターをつくって活動をアピールしよう！……………………………114
- 係のネーミングを工夫しよう！…………………………………116
- 学級通信で係活動を紹介…………………………………118
- イベントの注目度がグンと上がるポスターをつくろう！…………………120
- 始まりはいつも突然に……………………………………122

5章 あると必ず役に立つ！係活動のおすすめアイテム

ミニ賞状	友だちのよいところを表彰しよう！………………	128
シール	いつでもどこでも手軽に活用………………………	130
イベント系アイテム	小物の工夫で学級イベントがさらに盛り上がる！…	132
告知系アイテム	手軽に使えるアイテムをたくさん準備………………	134
くじ	くじ引きで、ハラハラ、ドキドキ！…………………	136
名簿	係活動で気軽に使えるように………………………	138
カード計画表	計画から反省まで1枚でできる便利アイテム………	140

おわりに

係活動を成功に導く 5つのポイント

1 係の決め方

　学級の係というとき、どんなものを思い浮かべるでしょうか。

　窓係、黒板係、計画係、音楽係…など、教師の補助をする活動が主ではないでしょうか。

　こういった定番の係は決めるのも簡単です。具体的には、くじ引き、話し合い、「この指とまれ」方式（やりたい係に集まって、定員オーバーしたらじゃんけん）などの方法があります。

　係を学期ごとに交代すれば、三学期制なら3回、二学期制なら2回、変更のチャンスがあるので、仮に希望と違う係になっても、またチャンスはめぐってきます。

　係の種類や人数は、教師が決めることが多いでしょう。

　しかし例えば、整頓係や窓係などは、高学年なら自分たちで気を付ければよいことなので、必要度は下がってきます。

　こういったときは、教師が提示した係が本当に必要かどうか、子どもたちに話し合わせます。

　すると「整頓係は自分で気を付ければいいからいらない」とか「窓は気が付いた人が開け閉めすればいいから係がやらなくてもいい」などの意見が出てくるかもしれません。このように、本当に必要な係かどうかを問うことで、自主性も意識させながら係の種類を絞っていけます。

2 係の種類

　ちなみに、学級を運営していくうえである程度必要に迫られて行うものを「当番」、子どもたちが自主的に運営するものを「係」と区別する考え方があります（本書では、この両方を「係活動」として扱います）。

　前者には、例えば以下のようなものがあります。

・音楽係…音楽の先生との連絡や朝の会、帰りの会の伴奏、指揮など。
・学習係…教具類の準備、国語や算数のドリルの答え合わせなど。
・体育係…準備体操や体育器具の準備、片付け、チーム決めなど。
・保健係…健康観察の補助、保健室との連絡、爪切りの貸し出しなど。
・黒板係…黒板を消し、次の授業にそなえる。チョークをそろえる。
・計画係…明日の予定を予定黒板に書く。
・配達係…集めた宿題を配ったり、資料を配ったりする。
・整頓係…みんなの帽子や絵の具セット、習字セットなどの整頓。
・手紙係…クラスの配布物が文書棚に入っているか確認する。
・かぎ係…各種のかぎを職員室に取りに行く。
・花　係…クラスの花の水替え、植物の水やりなど。
・電気係…クラスの電気をつける、消す。
・チェック係…宿題や提出物のチェックをする。忘れた人に催促する。
・生き物係…クラスの生き物の世話、水槽洗いなど。
・クリーン係…クラスのゴミをまとめ、ゴミ置き場に捨てに行く。

一方、後者の例としては以下のようなものがあります。

・パーティ係…よいことができたらビー玉を１つグラスに入れ、たまったらみんなでパーティをやる。そのときの中心になる。
・盛り上げ係…だれかがいい発言をしたら、拍手をする。
・行　　事係…ドッジボール大会、百人一首大会など楽しい行事を計画する。
・新　　聞係…クラスの新聞を発行し、がんばっている人をほめたたえたり、行事のお知らせをする。
・遊　　び係…クラス遊びを考え、昼休みに実行する。
・レンタル係…忘れものをした人と物をチェックし、貸し出す。

- 誕生日係…誕生日の日に拍手をしてその子を紹介し、牛乳で乾杯して盛り上げる。
- ランキング係…子どもたちの間ではやっている遊びや縄跳びの回数などをランキングにして貼り出す。
- ペアクラス係…低学年と高学年のペア学級の遊びを計画する。

まだまだたくさんの係がありますが、それらは2章以降で具体的に紹介していきます。様々なアイデアを本書から得て、新しい係をつくっていただければと思います。

3 活性化させる手だて

係活動を活性化させるうえで大切なのは「時間」「空間」「評価」です。

まず、係活動は、活動を行う時間を意識的に確保する必要があります。

例えば、各係ごとに会議を行って活動を振り返ったり、集中的に活動したりする時間を月に1回1時間確保します。

また、「1分仕事」として毎日、帰りの会の中などに1分間の活動時間を入れるという方法もあります。

右の表のように、学級全員に1分程度でできる係活動を割り振り

	帰りの「1分しごと」をしましょう	
1	飯野りり	廊下の4組がわの窓をしめる
2	石上紫葉	宿題忘れの人が休み時間にやったかチェックする
3	今泉道代	教室のまどをしめる(内側)
4	臼井駿介	教室でみんなのぞうきんが落ちていないかチェックする
5	貝瀬彩子	後ろのドアをロック(かぎ)する
6	勝又章	黒板のさんにチョークをならべる
7	勝山真子	はいたつのはこのものをわける
8	栗原華絵	水道のところの窓をしめる
9	榊原春斗	らんまのまどしめ(前側)をする
10	柴田利紗	花の水かえをする
11	杉山一機	いんさつ室に手紙がないか見に行く
12	鈴木結奈利	教室の後ろの方のごみをひろう
13	髙木健太	黒板をふいてきれいにする
14	髙橋呂画	いすを入れてない人のいすを入れる
15	寺田美子	らんまのまどしめ(後ろ側)をする
16	寺田利理果	はいたつのはこのものをわける
17	中村仁見	落とし物箱をチェックし名前があるものはとどける
18	野崎洋至	はいたつのはこのものをわける
19	則竹雅	足でごみをちぢめる
20	萩原香	次の日の歌の準備をする
21	橋谷岳史	廊下のぞうきんを整とんする
22	橋本直斗	教室のまどをしめる(外側)
23	花村侑路	電気をけす
24	福井拓人	はいたつのはこのものをわける
25	藤浦涼留	うわぐつ入れがかかっているかチェックする
26	前田康地	先生のところのごみをすてる
27	町田圭介	教室の前の方のごみをひろう
28	松永莉利	次の日の歌の準備をする
29	松永竜矢	はいたつのはこのものをわける
30	宮西花	後ろのロッカーの上をせいとんする
31	村松千襟	花の水かえをする
32	山内健臓	いんさつ室に手紙がないか見に行く

ます（通常の係とは関係ない子どももいます）。全員で動き、しかも1分という時間制限が活動に緊張感を与えます。

次に、空間についてですが、例えば、各係の活動状況がわかるように背面黒板をうまく使います。自分たちの係の活動ぶりをそこで宣伝するわけです。

活動で使いたいと思ったときにすぐに使えるように、係活動専用の画用紙やフェルトペンなどを教室の片隅に設置しておくことも有効です。

評価については、教師からの言葉かけも大事ですが、子どもたち自身が目立った活動を行った係や個人を紹介しほめるシステムを取り入れると効果的です。例えば、帰りの会の中で「今日のヒーロー」コーナーを設け、よく働いた係や人をたたえます。また、目立たないところでコツコツがんばっている友だちとその働きぶりを紹介するというのも、学級のよい雰囲気づくりに大いに役立ちます。

ところで、特に前述の当番に分類される係は、人気の係とそうでない係が

比較的はっきりします。

　人気があるのは、体育係など華やかなイメージのある係で、配達係など自分の意思が反映されにくく単調な係は敬遠されがちです。

　しかし、敬遠されがちな係の活動をアイデア1つで活性化させるのが教師の腕の見せ所です。

　例えば、窓係は単に窓の開け閉めをするだけですが、「学級みんなの健康を自分たちが管理している」という意識をもたせると、動きが違ってきます。そこで、冬場に教室に湿度計を設置します。湿度が低くなっているのに窓を閉め切っていると菌が蔓延しやすくなります。そこで、窓係にこまめに湿度計をチェックし、換気することを促します。加湿器を教室に設置しているなら、その管理を任せるのもよいでしょう。

4　教師のかかわり方

❶○○しましょう。
❷○○したいんだけど、どうしたらいいかな？
❸やり方は任せるから○○してね。困ったときだけ相談してください。

　係活動への教師のかかわり方は様々です。

　上の例で言えば、理想は❸ですが、学年や学級の実態に応じて、かかわり方（指示の仕方）を見極め、徐々にレベルアップしていくとよいでしょう。

　❶について言うと、例えば窓係に対してはじめのうちは、「雨の日は、青いシールまで窓を開けましょう」「天気のいい日は、この黄色いシールまで

だよ」と具体的に指示を出し、慣れてきたらシールをとって子どもたち自身に判断させるようにします。自分たちで動いたことをほめていけば、「窓係になってよかった」と感じ、また喜びを感じたいために、さらに能動的に動くようになることが期待できます。

❷は、教師のやりたいことを意図的に子どもに考えさせ、やらせるやり方です。この方法では「先生に言われたからやったんじゃない」「自分たちで動いた」ということを強く自覚させることができます。

例えば、「宿題全員出したかな？」と教師が言ったとき、教室机のまわりに集まっている子どもが「先生、名簿でチェックしたら？」と尋ねたとします。ここであえて「めんどくさいなぁ…」と教師がとぼけると、「先生がめんどくさいならやってあげるよ」と言ってくれる子どもがいるはずです。こうして「チェック係」が誕生します。このように、子どもとのかかわりの中で自然発生的に新しい係が誕生するのも係活動のおもしろさの1つです。

❸はほぼ全面的に子どもに任すやり方です。

例えば、教師が着替えている間に、体育係が子どもたちを並ばせて準備体操をしてくれます。また、一週間の予定を右の写真のように予定黒板の横に貼っておけば、黒板係が毎日書いてくれます。教師は、変更があるときだけ伝えればよいのです。

また、このレベルまで子どもが育っているのであれば、学級会を開いて、子どもたち自身に係活動を活性化させる方法を考えさせてもよいでしょう。

「係活動が終わったら、黒板に貼ってある札を裏返すようにしたらいい」
「帰りの会とかで自分の係の活動の様子をアピールする時間をつくればいい」
「学級委員がよく働いている係に賞状をあげればもっと他の係もがんばると

思う」「活動コンテストみたいにイベントをやれば燃える」など様々な意見が上がるでしょう。大切なのは、上のように具体的な方法をあげさせるということです。

教師はこうした子どもたちの自主性をほめ、活動の場と時間を提供するだけでよいのです。

5 活動を継続するための工夫

年度のはじめには学級全員がいきいきと働いていたのに、時を経るごとにだんだん活動が停滞していく…というのはよくあることです。こういったマンネリ、中だるみ状態を打破するには、原因をしっかりと分析して対策を練る必要があります。

こういう時期に「○○係の活動はどうなってるの？」と尋ねると、決まって子どもたちから返ってくる言葉があります。

「だって、仕事ないんだもん」

つまり、係をつくったものの活動自体が形骸化しているということです。例えば、花係であれば、なぜ仕事がないのかを考え、対策を話し合うように助言します。「チラシをつくってクラス内の保護者に協力を呼びかける」などの具体策が出てくれば、それを実行に移すまで見届けます。こういった助言を与えるのは教師の役目です。

また、一口に活動が停滞していると言っても、実は目立たないところでしっかりがんばっている子どももいます。全体的な停滞感を打ち破るために、

そういったがんばりに光を当てるというのも1つの手です。
　具体的には、下のような表をつくって貼り出し、係のメンバーのがんばっている姿を見つけたら、係長に記入させるようにします。

○○係	
だれが	
いつ	
どこで	
どんなふうに	

　また、子どもたちが自主的に運営する係については、イベントをしかけると活動が一気に盛り上がります。
　これは、実際に行ったイベントの例ですが、遊び係（はたしじょう係）が学級会を開き、ドッジボールで6年生に挑むことにしました。

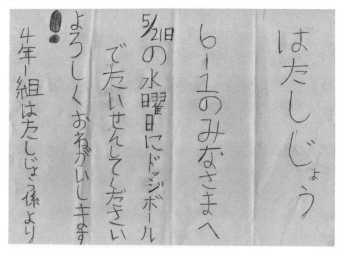

6年生にドッジボールの対戦を申し込む果たし状

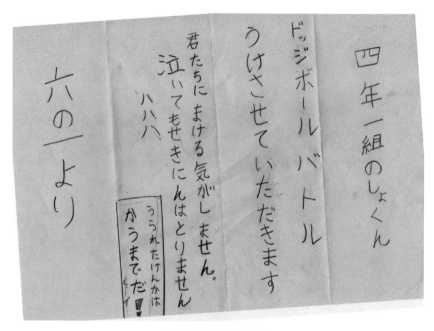

果たし状に対する返答

　このような自主的な活動は、学級の連帯感を高めることにもつながります。そして、1つの係の活動が活発になると連鎖反応が起きます。次ページの写真は、新聞係がつくった新聞の第1号で、休み時間に子どもたちが自主的につくり、教室に貼るようになりました。

　しかし、イベントが終わったり、盛り上がりの時期を過ぎると、また活動が停滞する、ということは少なくありません。そういったときに、的確なアドバイスをするということも、教師の腕のみせどころです。

　例えば、先の遊び係であれば、「6年生の他のクラスや5年生ともドッジボールの試合をやってみよう」と投げかけるのもよいでしょう。

　新聞係であれば、壁新聞から印刷して一人ひとりに配布する新聞に形態を変えていくようアドバイスするのもよいでしょう。

　いずれにしても、活動が停滞するのは普通のことで、継続するためには様々な工夫が必要であるという意識をもっておく必要があります。

えがお新聞 (^o^)

発行5月16日
発行者
〈勝又 颯〉
〈日下 真美〉

ぺアができたよ

　四年生になって、始めてでい学年のペアができました。かわいいペアを、かわいがって、あげましょう。なかよくしよう。ペアとの楽しい時間をすごしましょう。ペアとたくさん遊びましょう。ペアとの楽しい一年間をすごしましょう。

長お川新聞

長お川にはたくさんの魚がいるよ

　長お川には、カニや、めだか、ヤゴ、アメンボなどがいます。通りかかったおばさんが、魚には耳があると教えてくれました。けがをしないで安全に川で遊びましょう。

係活動は、子どもたちが自分の存在をアピールする場です。
　人にはだれでも、他者に認めてもらいたいという欲求があります。係活動を通して、自分のしたことが他者（友だちや教師）に認められると、そういった欲求は大いに満たされるはずです。
　２章以降で紹介されている、様々なアイデアに読者の先生なりのアレンジを加えて活用し、大いに係活動を盛り上げてください。

2章

子どもが進んで動く！定番係活動のシステム&アイデア

学級には、窓係や予定係など定番の係があります。仕事内容もたいてい決まっています。こうした係は、教師の補助が主な仕事で、学級生活を送るために必要不可欠でもあるので、子どもたちはどちらかというと活動を義務ととらえがちです。

　こういった定番の係も、子どもたちの自主性を引き出し、やると喜ばれる活動にすることで、ガラッと変わります。

　ポイントは、以下の4点です。

1 権限と責任を与える

　1章でも紹介した窓係の活動を例に述べると、「雨の日は、青いシールまで窓を開けましょう」「天気のいい日は、この黄色いシールまでだよ」と教師が具体的に指示を出すことからスタートし、慣れてきたらシールをとって子どもたち自身に判断させるようにします。

　このように、子どもたちに徐々に大きな権限と責任を与えることで、「自分たちがこの教室の空気調節をしているんだ」という自覚が出てくれば、いきいきと動くようになります。

　そういった子どもたちの変化を見とって適時にほめるということも教師は忘れないようにしたいものです。

2 決まった仕事＋αの工夫をさせる

　掲示係は、学級に配布されたプリントを決められた場所に貼ることが主な仕事です。こうした決まった仕事に加えて、掲示コーナーのまわりを掲示係に飾ってもらってみてはどうでしょうか。

　飾り枠をつける、注目を集める見出しをつける、など子どもたちなりの工夫が出てくるはずです。このような創意工夫の中で、子どもはいきいきと躍動します。

3 活動内容の自由度を大きくする

　人は、仕事をするうえで自分の裁量でできる幅が広がればやる気が高まります。これは係活動についても同じことが言えます。

　例えば、黒板係に右のような「おはよう黒板」を任せるのはどうでしょうか。下校する前に、係の子どもは黒板を消します。その後、黒板にクラスメイトに向けたメッセージを書いておくのです。翌朝登校してきた他の子どもたちがそのメッセージを読むことになります。

　どんなことを書くかは自由なので、考えながら仕事に取り組ませることができます。

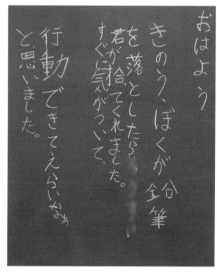

おはよう黒板

4 その係ならではの小道具を持たせる

　その係にならないと使えない小道具を用意します。例えば、予定係には、マイチョークを持たせ、そのチョークで予定黒板に書かせます。「大切に使うんだよ」と、記名して自分の筆箱にしまわせます。

　また、ご用聞き係には、名刺を持たせます。名刺を持って「今度〇〇先生のご用聞き係になりました。よろしくお願いします」とあいさつさせます。

　「この係になった自分しか持てないんだ」という特別な意識を抱かせることで、やる気を引き出します。

2章 子どもが進んで動く！ 定番係活動のシステム＆アイデア

窓係

色セロハンで教室の窓がステンドグラスに

　窓係は、窓の開け閉めが主な仕事です。窓の開け閉め以外にもできることを増やしてあげれば、子どもはいきいきと動き出します。

1 どこまで開けるかシールで示す

　窓のレール部分に色シールを貼ります。少しだけ開けるときは赤、半分は黄色、全開は青など色を決めておきます。
　これで、「空気を入れ換えたいから青色まで開けて。寒かったら赤まででいいよ」などと伝えると、１年生でも適切に窓を開けることができます。

2 窓をデザインする

　窓に子どもが工作した色セロハンを貼ると、ステンドグラスのようになります。窓のすべてに貼るのは好ましくありませんが、ある程度スペースを限定して窓のデザインを窓係に任せれば、やる気がアップすることは間違いありません。
　写真はエアーキャップの裏側に、ラッションペンやマジックで模様をかいたものです。カラフルになるように、いろいろな色を使わせます。太いマジックを使うと、はっきりした線になりきれいです。

窓のレールに開ける目安を示すシールを貼ります

色セロハンの作品を窓に貼れば、ステンドグラスのでき上がり！

2章 子どもが進んで動く！ 定番係活動のシステム&アイデア

2章 子どもが進んで動く！ 定番係活動のシステム＆アイデア

窓係

専門の道具を使って本格窓清掃

　2章のイントロでも触れたとおり、その係の子どもしか使えない小道具を持たせると、係活動は俄然盛り上がります。

　例えば、窓清掃の際、窓係のみに専門の道具（スクイージー：まっすぐで滑らかなゴム製のブレード部分を使って、平らな表面の水分を取り除くのに使う道具）を与えます。実際に窓がきれいになるので、活動への意欲は一層高まります。

❶雑巾を1枚水にぬらし、水が垂れない程度に軽くしぼります。

❷濡れた雑巾で窓を拭きます。このとき、窓に水滴がたくさんつくようにします。

❸スクイージーを窓の右上端に当てます。そして水滴を落とすようにまっすぐ上から下へ滑らせます。

❹スクイージーを左にずらし、水滴を落としていきます。一度拭いたところに少し重なるようにし、これを繰り返していきます。

❺窓の枠には最後まで水滴が残るので、乾いたぞうきんで拭きます。

濡れたぞうきんで窓を拭き、水滴を窓につけます

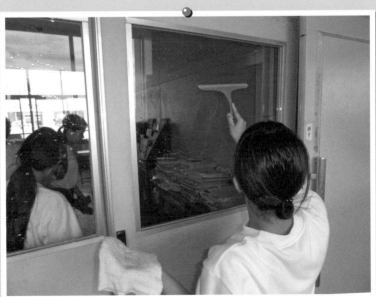

スクイージで水滴を落とします

2章 子どもが進んで動く！ 定番係活動のシステム＆アイデア

手紙係

たくさんの手紙運びもこれでOK

1 1日2回、時間を決めて取りに行く

　学級に配られる手紙は、職員室か職員室近くの学級ポストに入っています。前日の放課後やその日の授業中に印刷して入れられることを考え、1日2回取りに行かせます。朝始業前と帰りの会の前などがベストです（帰りの会に係タイムを設ければ、その時間に取りに行かせることもできます）。

2 手紙を入れるアイテムを用意する

　手紙が一度に何種類も配られることは少なくありません。その場合は、ポストに入れられる手紙の量も大変多くなります。そうなると、持ちきれなかったり、教室に運ぶ途中に落としてバラバラになったりすることがあります。そこで、100円ショップ等で売っている手提げがついたかごを用意します。それを持って行って手紙を入れれば、量が多いときでも係の子どもが安心して運べます。また、そういうアイテムがあるだけで、子どもの気持ちも高まり、意欲的に取り組んでくれるはずです。

　手紙用のかごをいつも置いておく場所を、決めておくといいでしょう。教室の後ろにある、児童用のロッカーの空いている場所などを利用するのがベストです。

かごを使えばたくさんの手紙運びも安心

使わないときは、置き場所を決めて保管します

2章 子どもが進んで動く! 定番係活動のシステム&アイデア

> 2章 子どもが進んで動く！ 定番係活動のシステム＆アイデア

靴箱係

子どもが進んで動く
靴箱整頓システム

　低学年などでは、靴箱に靴をきちんとそろえて入れられる子どもばかりではありません。また、靴箱は教師の目が届きにくい場所でもあります。
　そこで、靴が落ちたり、なくなったりしないように、係の力で靴箱の整理整頓を目指します。

1 靴箱に目印のビニールテープを貼る

　右の写真のように、靴をしまう際に目印となるビニールテープを靴箱に貼ります。かかとが絶対にこのビニールテープの目印から飛び出さないようにしまう、ということを子どもたちと約束します。

2 靴箱係がチェックする

　靴箱係が、朝の会が始まる前に靴が整頓されているか毎日調べます。
　また、週の最後の帰りの会で、1週間ずっとルールを守ることができた子どもを紹介するようなシステムを取り入れると、係の子どもも他の子どももモチベーションがアップします。
　もちろん、最終的には係の点検がなくても自分で整理整頓ができるようになることを目指します。

目印より飛び出してしまっている靴はないかな？

2章 子どもが進んで動く！ 定番係活動のシステム&アイデア

2章 子どもが進んで動く！ 定番係活動のシステム＆アイデア

生き物係

大好きな生き物を
みんなに紹介しよう！

　季節ごとに教室に持ち込まれる様々な生き物たち。
　春や秋は昆虫、夏は水辺の生き物など、生き物好きの子たちがいろいろと持ち込んできます。そんな大好きな生き物をクラスのみんなに紹介する生き物係の活動アイデアです。

1 「スポットガイド」で生態を解説

　動物園や水族館には、「スポットガイド」と呼ばれるサービスがあります。解説員の方が、生き物の生態などについて興味深い解説を聞かせてくれるのです。
　生き物係にも、このスポットガイドのサービスを取り入れます。教室で飼育している生き物の前で、名前、食べ物、生態などについて解説してもらいます。友だちから説明されると、クラスの子どもたちも関心をもって聞くことができます。

2 生き物○×クイズで盛り上がろう

　生き物係が、飼育している生き物についての○×クイズを出題します。出題されたクイズの答えに子どもたちは一喜一憂し、クラスの雰囲気が和みます。

生き物係がつくったお知らせ

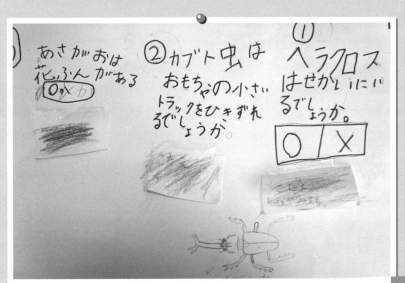

生き物係が出題する○×クイズ

2章 子どもが進んで動く！ 定番係活動のシステム＆アイデア

掲示係

好きなキャラで掲示物を飾ろう！

　子どもはお絵かきが大好きです。自由に書くのが好きな子もいますが、休み時間に、自由帳にイラストを写している子はいないでしょうか？　そんな子が大活躍できる係活動のアイデアです。

1 掲示物の脇にイラストを飾ろう

　給食メニュー、学級だより、学年だより、委員会だよりなど、教室には様々なものが掲示してあります。しかし、どれもただ貼っているだけでは味気ないので、イラストが得意な子がかいた作品を掲示物に添えて飾ります。こんなちょっとした工夫でみんなが掲示に注目するようになります。

　学級目標に合ったキャラクターをクラスで自作して、いろいろな掲示物と一緒に飾るのも楽しいものです。

2 みんなにもかいてもらおう！

　右ページ下の写真では、掲示係の「自分のキャラクターをつくって掲示しませんか？」という提案で、「My 海賊旗」をつくって、掲示することにしました。自分が得意なこと・好きなことを盛り込んで海賊旗をつくり、学級目標のまわりに掲示しています（学級目標の背景には、掲示係が『ONE PIECE』のルフィを描きました）。

掲示係がかいた『黒子のバスケ』のイラストが貼られています

My 海賊旗で教室の背景が華やかに

2章 子どもが進んで動く！ 定番係活動のシステム＆アイデア

> 2章 子どもが進んで動く！ 定番係活動のシステム＆アイデア

あいさつ係

朝のあいさつを元気よくするための合い言葉

1 朝の会のメニューに「あいさつの合い言葉」を入れる

　朝の会のはじめにクラス全員で行うあいさつ。

　元気よくあいさつをして、気持ちよく一日のスタートを切ってほしいものですが、意識していないとついつい適当になってしまいがちです。

　そこで、あいさつの前に、「あいさつの合い言葉」をみんなで言わせるようにして、意識を高めます。右ページ上の写真のように、朝の会のメニューに組み入れておくとよいでしょう。

2 合い言葉の言い方を練習する

　「あいさつの合い言葉」の言い方をはじめに練習しておきます。

　「あいさつは」とあいさつ係が言ったら、「先ににっこり　全力で」をほかの子どもたちが続いて言います。少し練習しておけば、すぐにきれいにそろうようになります。

【参考文献】
・伊垣尚人『子どもの力を引き出すクラス・ルールの作り方』（ナツメ社）

スマスマ朝の会

① **名ふだチェック**
「名ふだをつけてください。」

② **あいさつの合言葉**
「あいさつは　先ににっこり　全力で」

③ **朝のあいさつ**
「おはようございます。」

④ **朝の歌・群読（音楽係）**
「○○を歌います。」「○○を読みます。」

⑤ **健康観察（保健係）**
「○○さんから、お願いします。」

⑥ **お知らせ**
「お知らせ、何かありませんか。」

⑦ **先生から**
「先生のお話をしっかり聞きましょう。」

「あいさつの合い言葉」を朝の会のメニューに入れておきます

あいさつ（声）と礼を別々にすると、声がしっかり出せます

> 2章 子どもが進んで動く！ 定番係活動のシステム＆アイデア

あいさつ係

言葉のやまびこで習得させたい言葉を口ぐせに

　子どもたちに、学校生活の中でしっかりと言えるようになってほしい言葉を繰り返し実際に発声させることで、口ぐせにしてしまうアイデアです。

1 習得させたい言葉を口ぐせに

　まず、だれがどの言葉を言うのかを決めます。なかなか決まらなそうな場合は、出席番号順に割り振っていけばよいでしょう。
　そして、毎日朝の会で、あいさつ係（言葉のこだま係）が「言葉のやまびこを始めます」と宣言します。子どもたちは自分の担当している言葉は1人で言い、その後に続いて同じ言葉を全員が言います。はじめはぎこちないかもしれませんが、回を追うごとに上手になっていきます。

2 教師はほめ役に

　教師は、活動の様子を見守りながら、大きな声を出している子どもを見つけてすかさずほめていきます。
　「〇〇君、しっかりとした声でとてもいい！」「〇〇さん、気持ちのいい声だ！」

【参考文献】
・山中伸之『挨拶・返事の上手な子に育てる10のポイント50の技術』（ひまわり社）

ことばのやまびこ
名前（　　　　　）

1　おはようございます（　　　　　）
2　こんにちは（　　　　　）
3　さようなら（　　　　　）
4　しつれいします（　　　　　）
5　先生に用があってきました（　　　　　）
6　何かお持ちする物はありませんか（　　　　　）
7　失礼しました。（　　　　　）
8　はい元気です（　　　　　）
9　いただきます（　　　　　）
10　ごちそうさまでした（　　　　　）
11　わかりません（　　　　　）
12　わかりました（　　　　　）
13　質問があります（　　　　　）
14　教えて下さい（　　　　　）
15　ごめんなさい（　　　　　）

A4の紙で各自に配布し、拡大用紙を掲示します
（（　）内には担当者名を記入）

1　おはようございます	2　こんにちは	3　さようなら
4　しつれいします	5　先生に用があってきました	6　何かお持ちする物はありませんか
7　失礼しました	8　はい元気です	9　いただきます
10　ごちそうさまでした	11　わかりません	12　わかりました
13　質問があります	14　教えてください	15　ごめんなさい
16　すみません	17　お持ちします	18　ともだちにやさしくしよう
19　ぼくがやります	20　お手伝いします	21　一緒にやろう
22　一緒に遊ぼう	23　協力しよう	24　仲良くしよう
25　さっと動こう	26　だいじょうぶ	27　あきらめない
28　お願いします		

言葉の一覧例

2章 子どもが進んで動く！ 定番係活動のシステム＆アイデア

体育係

マイ笛で体育の授業をリードしよう！

　教師は笛をもって指示を出しますが、子どもたちは笛を使うことはありません。そこで、体育係に笛を与えて指示をさせることで、やる気を引き出します。

1 マイ笛を持たせて

　体育係に100円ショップで買った笛を与えます。
　次に笛の使い方を教えます。使い方を教えなければ、むやみに吹いてしまう子どももいるからです。集合のときには「ピーーー」と長く吹く、「体操隊形に開け」「元の位置に集まれ」「座れ」に合わせて短くテンポよく吹くなど、場面に応じた使い方を覚えさせます。

2 球技の審判のときに

　笛を与えると、ドッジボールやバスケットボールの審判のときにも使うことができます。
　教師が審判をするときもありますが、子どもたちだけでさせることで、教師は子どもたち全体の動きを見ることができます。笛を持つことで審判としての責任感が増します。

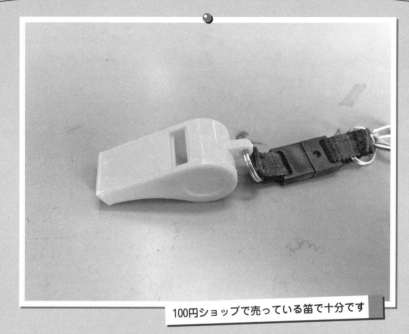

100円ショップで売っている笛で十分です

体育係の笛で元気に準備体操！

2章 子どもが進んで動く！ 定番係活動のシステム&アイデア

2章 子どもが進んで動く！ 定番係活動のシステム＆アイデア

予定係

明日の予定を わかりやすく伝えよう！

　予定係は、翌日の予定を先生に代わって予定黒板に書く係です。でも、毎日活動するので、黒板に書くことを忘れてしまったり、字が雑になってしまったりすることがないでしょうか。そこで、小道具を活用してより意欲的に活動できるようにします。

1 予定係を決める

　仕事の内容は、予定黒板に翌日の予定・持ち物・宿題・お知らせなどを書くことです。
　予定はていねいな字で書かせるようにします。自分たちが気付いたことを書き添えたり、重要なことをチョークの色を変えて書いたりする工夫ができたらほめてあげましょう。

2 いつ書くか、どのように伝えるかを決める

　給食当番が給食を取りに行っている間、給食を食べ終わった後、昼休みの前、帰りの会の前など、いつ書くのかもあらかじめ決めておきます。
　また、教師から係へ伝える方法も、毎日予定を書いたメモを渡す、週の予定を貼っておき写させる、教師が言ったことを聞き取らせる、など学年や子どもの実態に応じて決めておいた方がよいでしょう。

ていねいな字でわかりやすく書こう

予定係だけが持てる
マイチョーク&ケース

お道具箱に入れて、しっかり保管

第2章 子どもが進んで動く！ 定番係活動のシステム&アイデア

2章 子どもが進んで動く！ 定番係活動のシステム＆アイデア

連絡係

オリジナル名刺で早く名前を覚えてもらおう！

1 顔と名前を早く覚えてもらうために

　これは、学級担任以外の専科の先生が指導する教科（図工や音楽、書写など）について、学習内容を聞いたり、学習の予定を聞いたりして、クラスに伝達するための係です。

　しかし、専科の先生はたくさんのクラスを教えているので、連絡係は意外と顔や名前を覚えてもらえず、そうすると、ときに連絡の行き違いが生じてしまうようなことがあります。

　こういったことにならないように、連絡係が名刺を自作して、はじめての連絡時に渡すようにすると、顔と名前を一致させて、早く覚えてもらうことができます。

2 名刺を渡しながらあいさつをする

　低学年などであれば、はじめて連絡係の仕事をする前に、
「今度連絡係になりました、○○です。よろしくお願いします」
などと、名刺を渡しながらあいさつする練習をさせた方がよいでしょう（名刺は連絡を聞く先生の数分作成させます）。

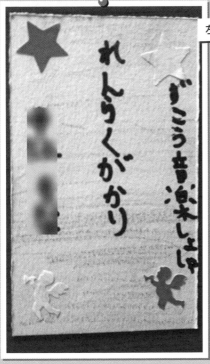

左端に自分の名前が書いてあります

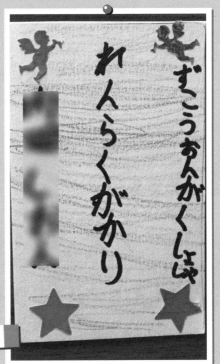

飾りをつけたり、色をぬったりして華やかに

2章 子どもが進んで動く！ 定番係活動のシステム＆アイデア

落とし物係

落とし物は
くじ引きでリサイクル

　持ち物に必ず名前が書いてあれば、落とし物は必ず持ち主のところに戻りますが、そういうときばかりではありません。落とし物箱を用意しても、落とし物は増える一方…。そんなときには、落とし物係に活躍してもらいましょう。

1 落とし物箱を用意

　落とし物箱を用意します。名前が書いてあれば、落とし主に届けます。書いていない場合は、落し物係が帰りの会で実物を見せながら「だれのですか？」と尋ね、落とし主を探します。

2 落とし物コーナーをつくる

　落とし主が現れない場合、まだ使えそうな文房具などは「落とし物コーナー」に入れ、だれでもいつでも使えるように落し物係が整えておきます。

3 くじ引き大会でリサイクル

　落とし主が学期の最後まで現れない場合には、くじ引き大会をして、ほしい子にプレゼントします。この運営も落し物係が行います。

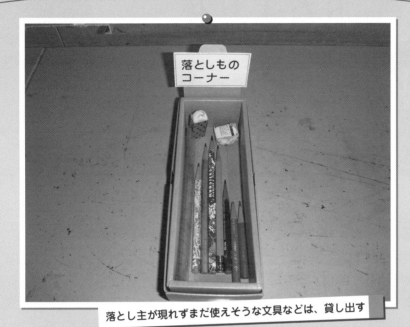

落とし主が現れずまだ使えそうな文具などは、貸し出す

わりばしの先に色がついていたら当たり

おたより係

紙の分別で教室内をスッキリ

1 紙の分別は意外と時間をとられる

　宿題プリント、保護者向けの文書、各種団体からの案内文書…などなど、教室では毎日様々な文書を配布します。

　多くの学校では、こういった場合に余った紙を、裏面に何も印刷されていないものと裏面も印刷されているものに分別して、再利用していると思います。文書を配布するたびにサイズなども考えながら分別するとなると、毎度それなりの時間がかかります。

2 再生紙ボックスで紙を分別

　そこで、教室内にＢ５、Ａ４、Ｂ４という用紙のサイズごとに、再生紙を入れるボックスをつくります。

　Ｂ５やＡ４という用紙のサイズの区別に子どもたちはあまりなじみがないので、ボックスの口の淵を赤、黄、青に色分けし、「この紙は赤ボックスに入れてください」などと指示するようにします。

　また、裏面も印刷されていて再利用できない紙は、ボックスの横に紙袋などを設置し、そちらに入れさせるようにします。

　紙の断捨離で、教師の手間は省け、教室もすっきりします。

ビニールテープでサイズごとに色分けした３つの箱

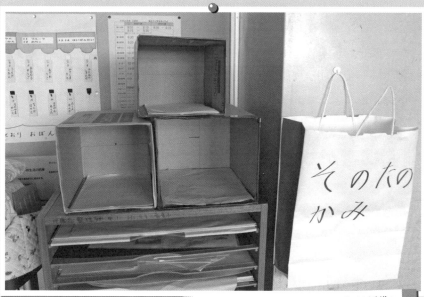

再利用できない紙（そのたのかみ）は紙袋へ

2章 子どもが進んで動く！ 定番係活動のシステム＆アイデア

2章 子どもが進んで動く！ 定番係活動のシステム＆アイデア

音楽係

指揮者のコメントで クラスの歌唱力 UP

1 指揮者と準備担当で協力して

　朝の会で歌を歌ったり、音楽発表会に向けて歌の練習をしたりする学級は多いと思います。やるからにはしっかり歌いたい。ここが音楽係の腕の見せどころです。以下は音楽発表会に向けて練習をする場合の例です。

　音楽係は指揮者と準備担当で構成し、場合により伴奏者が加わります。

　まず、準備担当の指示で教室の後ろに並んでもらいます。指揮者は、前に出て全員が並んだか確認をします（伴奏者は準備担当と協力してキーボードなどの準備をします）。また、準備担当は黒板に歌詞カードを掲示します。

　指揮者は、全員が指揮者の方を見たら、手をあげて伴奏者の方に指揮をするか、準備担当にオーディオプレイヤーから曲を流すように指示します。

2 指揮者がコメントする

　歌が終わると、指揮者が今日の歌がどうだったかコメントします。「今日はみんなが大きな声で歌えました」「歌の途中でよそ見をしている人がいるので気を付けましょう」など、具体的にコメントさせることが重要です。

　朝の会であれば、曜日ごとに選曲したり、歌詞カードを制作したりすることも音楽係の仕事になります。

音楽係で役割を分担して

CDはケースを準備し、その中に収納しておきます

2章 子どもが進んで動く！ 定番係活動のシステム&アイデア

2章 子どもが進んで動く！ 定番係活動のシステム＆アイデア

チェック係

宿題のチェックは子どもたち自身で

　宿題のチェックは、日々時間に追われている教師にとっては大変な仕事です。そこで、内容にコメントする必要がない宿題については、提出状況のチェックやシール貼りを、子どもたちにやってもらうことにしてみてはどうでしょうか。

1 チェック係を決め、仕事内容を伝える

　クラス全員の宿題の提出状況をチェックすること、ノートやプリントにハンコを押したり、シールを貼ったりすることが仕事であるということを、係になった子どもたちに教えます。

2 マンネリ化を防ぐための工夫

　毎日行っているとチェック係の活動もマンネリ化してしまいがちですが、例えば、10日連続提出、20日連続提出、30日連続提出など、区切りごとにランク付けをしてノートの表紙にシールを貼らせたりすると、提出状況のチェックにも変化がつき、仕事に張り合いが出ます。もちろん、係の子どもたち以外にとっても、宿題に取り組むモチベーションになります。
　ただし、トラブルのもとになるので、シールを貼る際には日数に間違いがないかしっかりチェックさせるようにします。

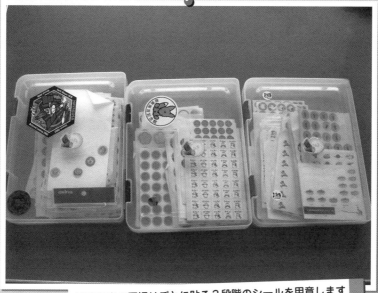

連続提出の区切りごとに貼る3段階のシールを用意します

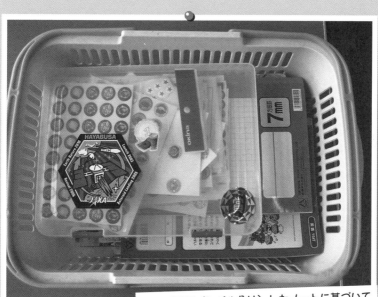

教師が評価（レベル分け）したノートに基づいて
シールを貼ってもらうこともできます

2章　子どもが進んで動く！　定番係活動のシステム＆アイデア

黒板係

黒板でメッセージを伝えよう！

1 消す係から書く係に

　黒板係は、教師の板書をただ消すだけの活動になりがちで、マンネリ化しやすいのが悩みのタネです。

　そこで、消すだけでなく、書く役割も与えてみてはどうでしょうか。係の子どもたちは自分も黒板に文字を書きたいという気持ちを少なからず抱いているはずです。

2 何を、いつ書くのか

　基本的には何を書いてもよいのですが、クラスへのお知らせやメッセージ、その日に見つけた友だちのすばらしい行動など、あらかじめある程度内容を絞っておいた方がよいでしょう。

　また、ほかの子どもたちが帰った後、放課後に書かせるようにします。絵やイラストなども一緒にかいてよいことにすると、より楽しんで取り組むことができます。

　しかし、それによってあまり時間がかかりすぎてしまうと負担になるので、ときどき教師が活動の様子をチェックすることを忘れないようにしたいものです。

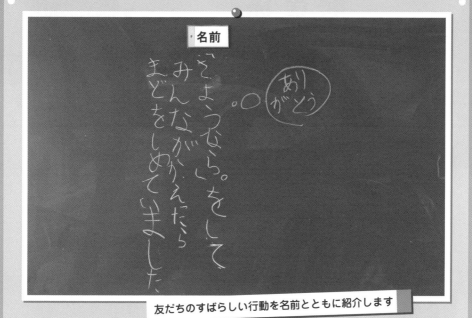

友だちのすばらしい行動を名前とともに紹介します

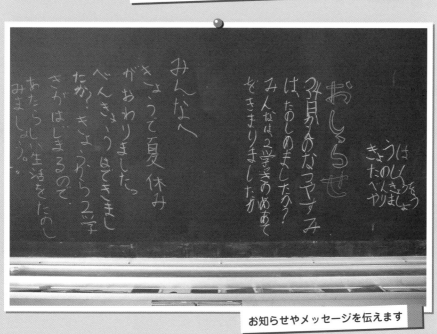

お知らせやメッセージを伝えます

2章 子どもが進んで動く！ 定番係活動のシステム＆アイデア

配達係

配布、返却するものは配達ボックスへ

　教室の教師の机は、ノートやカードなどの提出物ですぐにいっぱいになります。空いている時間に宿題をチェックしても、机の上に置いたままの状態では状況は変わりません。

1 配達は子どもにおまかせ

　そこで、教師の机の周りのロッカーの上に段ボールでつくった「配達ボックス」を設置します。
　そして、教師が確認し返却する宿題や配布物などはすべてそこに置くことにして、その日の当番の配達係が、見つけ次第配布する、というシステムにします（子どもがしっかりと育っている学級であれば、係を決めなくても、配達ボックスだけ設置しておけば、見つけた子どもが配布してくれるはずです）。

2 配り忘れの予防にも

　このシステムを取り入れると、とにかく配達ボックスに入れてさえおけば、急いで帰宅させなくてはならない日に、宿題のプリントを配布するのを忘れてしまった、といったことが少なくなります。いつもここには配るものがある、というシステムが有効に働くわけです。

配達ボックスに入っているものは、見つけ次第配布、返却します

音読カードもすぐに返却！

2章 子どもが進んで動く！ 定番係活動のシステム&アイデア

2章 子どもが進んで動く！ 定番係活動のシステム＆アイデア

クリーン係

専用道具でがんこな汚れを落とそう！

　ちょっとした専用道具を用意するだけで、クリーン係の子どもたちの意欲は高まり、汚れを落とすことに燃えます。

1 壁の黒ずみは消しゴムで

　階段の壁は手あかなどがついて黒ずんでいることがあります。消しゴムを使ってこすれば、この黒ずみもきれいに落ちます。落とし主が見つからない落とし物の消しゴムを使うとよいでしょう。

2 窓枠の四隅やレールは塩つき綿棒で磨く

　窓枠の四隅やレールは、ほこりが入り込み汚れています。こういった場所は、水に濡らした綿棒に塩を少量つけてこすります。塩が研磨剤の働きをして、汚れを落としてくれます。

3 水道の水あかはメラミンスポンジで

　水道の水あかは、メラミンスポンジを使うとおもしろいように汚れが落ちます。ほんの少量ずつ小分けにして渡すようにします。

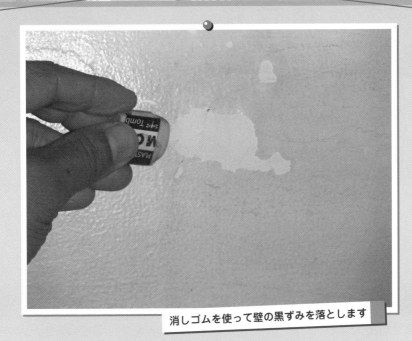

消しゴムを使って壁の黒ずみを落とします

窓枠のレールは塩つき綿棒で

2章 子どもが進んで動く！ 定番係活動のシステム＆アイデア

2章 子どもが進んで動く！ 定番係活動のシステム＆アイデア

伝達係

お休みした子にメッセージを届けよう！

　お休みした子に、明日の予定を伝達してあげる係です。予定を書く担当や、届ける担当を決めます。

1 明日の予定を書く

　用意したメッセージカードに明日の予定を書きます。明日の予定だけではなく、一言メッセージを書く欄を設けておけば、もらった子どももうれしいはずです。

2 プリント類と一緒にまとめる

　学校から配られる様々なプリント類と一緒にしてビニール袋に入れ、1つにまとめます。

3 届ける人を探してお願いをする

　年度はじめに、だれがだれの家までなら届けに行くことができるかを調べ、学級名簿に書き込んでおきます（1人につき複数人の候補をあげておきます）。この名簿を見ながら、届けてもらう人を探し、メッセージカードとプリント類が入った袋を渡します。

明日の予定を知らせるメッセージカード

お手紙を届けに行くことができる人の一覧

第2章 子どもが進んで動く！定番係活動のシステム＆アイデア

学級旗係

2章 子どもが進んで動く！ 定番係活動のシステム＆アイデア

世界に1つだけのクラスのシンボルをつくろう！

1 学級旗をつくろう

　学級旗は学級のシンボルです。普段は、学級目標の掲示物として教室に掲げ、運動会では応援旗として、遠足では集合の目印として、といったように、イベントでも広く活用できます。

　この係は絵をかくのが好きな子どもが活躍できます。教師が学級旗をかいてくれる人を募集します。その際、絵が上手なことよりも、友だちと協力してていねいに根気よくかくことが重要であることを伝えます。大きさの目安はおおよそ縦1ｍ横1.5ｍで、鉛筆などで下書きをしてからマジックなどで制作していきます。元のデザインをプロジェクタで映してそれをなぞって下書きすると簡単です。

2 学級旗のデザインコンクールをしよう

　クラスにイラストや絵が得意な子どもがたくさんいる場合などには、学級旗のデザインコンクールを行い、投票でデザインを決めてもよいでしょう。

　デザインはＡ５サイズぐらいの大きさの用紙にかかせ、それらを一覧にしたものを配付して投票を行います。「学級目標とマッチしているか」「遠くから見たとき目立ちやすいか」など、審査基準をあらかじめはっきりさせておくと、作成する子どももそのことを意識してデザインするでしょう。

学級目標が書かれた学級旗はクラスのシンボル！

学級旗のデザインコンクールで作品を審査します

2章 子どもが進んで動く！ 定番係活動のシステム＆アイデア

3章

どの子も活躍！
個性派係活動の
システム&アイデア

3章では、クラスの子どもたちがみんな活躍できる、個性的な係活動を紹介します。子どもたちが進んでやる係活動は、学級生活をより豊かなものにしてくれます。
　進んで仕事をやるわけですから、人数も内容も子どもたちにおまかせでよいわけです。自主性を尊重することで、子どもたちはいきいきと動き出します。

1 なくてもよいが、あれば楽しい係をつくる

　この章で紹介する係は、2章で紹介した定番の係とは違い、ある意味で"なくても困らない"係です。
　しかし、趣味があると生活がより豊かになるのと同じように、同好の士が集まれば楽しい活動がそこに生まれ、学級生活が豊かになります。例えば、新聞係が「今週のニュース」を書くことで、みんなが知らなかった出来事などが学級に周知されます。

2 自分の好きなことや得意なことを生かす

　学級内の価値観を「勉強ができる」「運動ができる」だけにしてはいけません。人にはいろいろなよさがあり、このよさが学級で認められなければいけません。
　そこで、係のコンセプトを、自分の好きなことや得意なことを生かして、みんなのために楽しいことをする活動にします。
　例えば、迷路が大好きな子は、自分でつくった迷路をみんなに楽しんでもらうことができるでしょう。友だちもその子の得意なことがわかり、よさを認めることができるのです。

3 やりたい人が、やりたいとき、やりたい人を集めて

　先にも述べたとおり、この章で紹介する係活動は、やりたい人が、やりたいとき、やりたい人を集めて勝手にやる、というのが基本です。

　学級会でみんなで話し合い、全員が参加して仲良くやらないといけない、というのとは決定的に違います。

　いわゆるサークル活動のような趣が強く、周囲に呼びかけ、"この指止まれ"的に希望者を募ります。

　こうした方式だと、自由な発想でユニークな係が生まれてきます。

　右の写真の「相談受けます会社（係）」は、勉強でわからないことを教えてあげたり、日ごろのグチを聞いてあげたりします（先生もOKです（笑））。

　同じような係が複数できても構いません。無理に「仲良くやりましょう」と１つの係にまとめたりせず、それぞれの違いを楽しませます。

　ただし、子どもたちにおまかせとは言っても、仲間はずれや係同士の対立など、人間関係のトラブルには教師がしっかりと目を光らせておく必要があります。

3章 どの子も活躍！ 個性派係活動のシステム＆アイデア

廊下で走るのストップ係

笑顔でストップ、廊下のダッシュ

　子どもたちは、休み時間になると早く外に出たくて廊下をダッシュします。学校のきまりで走ってはいけないことになっていても、そのことをつい忘れて突っ走ってしまいます。そんなときに注意を促すのが「廊下で走るのストップ係」です。

1 教師お手製のバッジで意識を高める

　係の意識を高めるために、教師お手製のバッジを進呈します。フェルトでつくる簡単バッジです。
　係は数人ずつ1週間交代ぐらいで行っていくと、クラス全体に廊下を走ってはいけないという意識を浸透させることができます。また、ずっと続けると飽きてくるので、学期始めや長期休業後に行うのがベストです。

2 教師は行き過ぎに注意

　友だち同士で注意し合うシステムというのは、度が過ぎるとけんかが起こったり人間関係が崩れてしまったりする可能性があるので、注意が必要です。活動自体は子どもに任せればよいのですが、教師は行き過ぎがないか常に目配りをしておく必要があります。

胸につけたバッジが「廊下走るのストップ係」の証

笑顔で廊下を走らないように訴えます

3章 どの子も活躍！ 個性派係活動のシステム＆アイデア

3章 どの子も活躍！ 個性派係活動のシステム＆アイデア

隅専門の掃除係

教室の隅々まできれいにしよう！

　教室を見渡したとき、意外と目に留まるのが隅（外周）の部分です。隅がきれいだと教室全体もきれいに見えます。
　そこで、隅専門の掃除係を決めます。

1 教室の隅の掃除の仕方

　ほうきでひと通り教室内を掃き終わったところで隅専門の掃除係の出番です。教室入り口方面から隅に沿って、雑巾で２周程度水拭きしていきます。
　黒板の下など拭きにくいところもしっかりと拭き、台などは動かして拭いていきます。

2 掃除に対する意識を高める

　多くの子どもは、掃き手（ほうき）でも、拭き手（雑巾）でも、ただ何となく手を動かしています。つまり、ゴミや汚れがあるかどうかには意識が向いていないということです。しかし、教室の隅にはゴミがたまりやすいので、意識していなくてもゴミや汚れが目につき、「きれいにしなければならない」という気持ちが起こりやすくなります。
　このように、隅専門の掃除係は、単に教室をきれいにするだけでなく、子どもたちの掃除に対する意識を高める活動でもあるのです。

ガンコな汚れ落ちるかな？

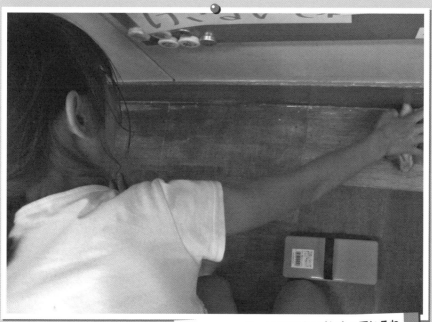

よく見ると壁際には結構ゴミがたまっているね

3章 どの子も活躍！ 個性派係活動のシステム＆アイデア

3章 どの子も活躍！ 個性派係活動のシステム＆アイデア
さよならじゃんけん係

王様とじゃんけんで勝負して下校しよう！

1 かばんを背負い、帰りのあいさつをした後に

　子どもたちはじゃんけんが大好きです。友だちと同じものを選んだときなど、何かを決める際には必ずと言っていいほどじゃんけんで決めます。

　そこで、帰りのあいさつをした後、前にいる「じゃんけんの王様」と勝負をして、勝った人から下校できる、というちょっとしたゲームを行います。

2 王様は日替わり交替で

　じゃんけんの王様は、さよならじゃんけん係がやりますが、みんながやりたがるので、係と言いながらも、日替わりでクラス全員に回していきます。王様になる子にとってみれば、1日の中でクラスの主役になる大事な場面なのです。

3 ときには教師と「おはようじゃんけん」

　子どもたちは、先生と勝負するのも大好きです。そこで、ときには先生がジャンケンの王様を買って出るのもよいでしょう。しかし、さよならジャンケンでやってしまうと、楽しみにしていた係の子の出番がなくなるので、おはようジャンケンなど、違う場面をつくってやった方がよいでしょう。

さよならじゃんけん係が王様になり、クラスのみんなとジャンケンをします

先生が飛び入りすると、子どもたちも大喜び！

3章 どの子も活躍！ 個性派係活動のシステム&アイデア

3章 どの子も活躍！ 個性派係活動のシステム＆アイデア

カウントダウン係

行事に向けて気持ちを盛り上げていこう！

　運動会、音楽会、遠足、卒業式、中学校では定期テストなど、様々な行事のカウントダウンカレンダーをつくり、毎日、日めくりを行うことで、行事までの見通しをしっかりともたせ、行事に対する学級の士気やそれぞれの気持ちを高めていきます。

1 カウントダウンカレンダーをつくる

　行事まであと何日かを毎日数えるためのカウントダウンカレンダーをつくります。
　用紙に日付、「あと何日」という数字、「みんなで協力していこう」などのひと言コメントをイラストなどとともにかきます。

2 カレンダーを掲示する

　日数とコメントを書いた用紙を集め、ダブルクリップで上部を挟んだら完成です。黒板の横など、教室の目立つところに掲示します。
　日めくりは係の子どもが交代で行うようにします。そのとき、メッセージを読み上げさせるようにしてもよいでしょう。

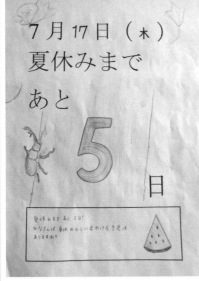
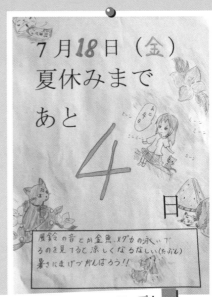

夏休みへのカウントダウンは見るだけでテンションアップ！

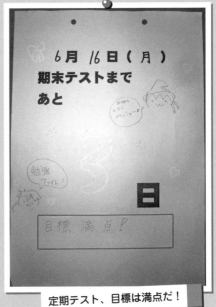

定期テスト、目標は満点だ！

3章 どの子も活躍！個性派係活動のシステム＆アイデア

3章 どの子も活躍！ 個性派係活動のシステム＆アイデア

ソート係

提出物の並べ替えなら お任せあれ

　教室では様々な提出物を集めます。4月当初の各種提出物に始まり、テストやアンケートなどたくさんあります。クラスの人数が30人を超えると、それらを並べ替えるだけでひと苦労です。そんなときにソート係が活躍してくれます。

1 出席番号順に並べ替え

　ソート係を2～3人決めます。出席番号順に並べたいときに、ソート係にお願いすれば、たちまち並べ替えをしてくれます。並べ替えるとき、まず1－9番、10番台、20番台、30番台と分けて、その後に一の位の並べ替えをすると手際がよいことを教えます。

2 テスト終了時には、小分けした束を集めて、並べ替え

　出席番号順に小分けしたグループをつくり、テストを番号順に集めます。出席番号1～4番までの子は5番の子のところへテストを持って行きます。同じように6～9番までの子は10番の子のところへ。各グループで番号順に集めた束を、5番、10番、…の子が前に持って来ます。その際ソート係は、前に出て各グループの子から出席番号順になっている束を受け取り、並べ替えます。そうすると短時間で全員のテストが出席番号順で集められます。

1−9番、10番台、20番台ごとに集められたノート

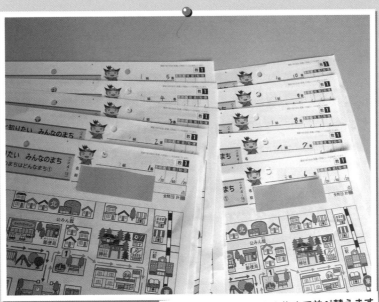

テストは小分けした束を集めて並べ替えます

3章 どの子も活躍！ 個性派係活動のシステム＆アイデア

あいさつがんばり隊

3章 どの子も活躍！ 個性派係活動のシステム＆アイデア

みんなであいさつへの意識を高めよう！

1 イベントのときはいいけれど…

　学校では、元気のよいあいさつができる子どもを育てるために、あいさつにかかわる様々な取り組みが行われます。イベントのときは子どもたちもあいさつをがんばろうとしますが、だんだんと少なくなっていきます。

2 子どもたち同士であいさつへの意識を高める

　そこで、草の根レベルで元気なあいさつを浸透させていくために、学級委員や元気のよい子を選抜して、「あいさつがんばり隊」を結成します。隊員は、朝に限らず、教室で、廊下で、運動場で、積極的にあいさつを行います。このようながんばりに感化されて、あいさつに対する意識を高める子どもが増えることが期待できる活動です。

3 バッジをつける

　あいさつがんばり隊員の子どもには、そのことがわかるバッジ（100円ショップに売られているプレートでつくったもの）をつけてもらいます。隊員は固定するのではなく、1週間交代などにするのがおすすめですが、そのときにこのバッジも次の隊員に引き継ぎます。

胸のバッジがあいさつがんばり隊員の証！

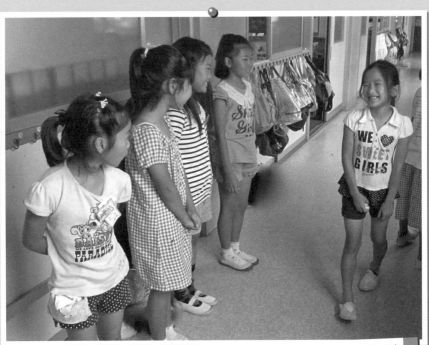

あいさつがんばり隊が廊下に並んであいさつをしています

3章 どの子も活躍！ 個性派係活動のシステム&アイデア

3章 どの子も活躍！ 個性派係活動のシステム＆アイデア

お笑い係

コントでクラスを盛り上げよう！

　お笑い好きの子どもの中には、自分自身もみんなを楽しませることが好きな子が少なくありません。そんな子たちに、月に1回、昼休み（掃除がない長い昼休みの日がおすすめ）に自作のコントを披露してもらいます。それに向けて、シナリオを考えたり、小道具をつくったりと、子どもたちは一生懸命に取り組みます。

1 みんなを楽しませるためなら何でもOK

　ショートコント、ものまね、一発ギャグ…などなど、みんなを楽しませるためなら何でもOK。つくりながら、自分たちも楽しみ、回を重ねるごとにだんだんレベルアップして、しっかりしたストーリーができ上がっていきます。はじめ・なか・おわりや起承転結など、国語の学習も生かされているのかもしれません。

2 この指とまれ！で係のメンバーを募る

　次回の披露に向けて、参加したい人を募ります。毎回入るのもいいし、1回だけでもOK。やりたい人は、全員入れてあげることを約束します。ただし、一度入ったらその回は必ず最後までやり遂げるということも約束しておきます。

教室の一場面を描いたコント

お母さんに怒られる場面を描いたコント

3章 どの子も活躍！ 個性派係活動のシステム＆アイデア

3章 どの子も活躍！ 個性派係活動のシステム＆アイデア

クラス遊び隊

昼休みのクラス遊びをプロデュース

1 クラス遊びの曜日を決める

　昼休みにクラス全員参加で鬼ごっこやドッジボールをすると、子どもたちの交流が深まり、クラスの結束が強まります。
　まず、係と学級委員、学級担任でクラス遊びをする曜日を決めます。どうしても決まらないときは学級会を開いて決める場合もあります。5、6年生になると委員会等もあり、週1回だと参加できない子も出てくるので、週2回が1つの目安になります。

2 背面黒板でお知らせする

　右の写真のように、背面黒板を使って今週のクラス遊びのお知らせをします。遊びの内容は、あまり偏らないように係の子にもいろいろな遊びを考えさせたり、担任からも教えてあげたりするとよいでしょう。

3 当日の給食時間に詳細を伝える

　集合場所や遊びのルールなど詳しいことは、当日の給食時間に係が詳しく説明します。

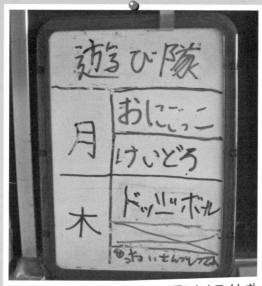

背面黒板に設置したホワイトボードで今週のクラス遊びを告知します

男女一緒になって鬼ごっこ！

3章 どの子も活躍！ 個性派係活動のシステム&アイデア

3章 どの子も活躍！ 個性派係活動のシステム＆アイデア

クイズ係

楽しいクイズで クラスを和やかに

　クラスの中には、クイズやなぞなぞが大好きな子どもが必ずいます。そんな子どもたちに、自分の好きなクイズやおもしろいなぞなぞをクラスのみんなに披露してもらいます。休み時間のクラスの雰囲気を和やかにしてくれる係です。

1 クラス全員を巻き込んで

　「3択問題」「毎日1問」「週に1回」など、出題の形式は様々です。また、ときには、「全員正解するまで帰れません」などクラス全員を巻き込むイベント的なクイズを出題すると、活動が盛り上がります。回答ボックスや三択用ＡＢＣカード、グッズも自作するようになると、さらに充実します。正解者にシールをあげるような盛り上げ方もありますが、シールがなくても参加する子は多いものです。

2 出題にかかわる約束事

　友だちに関するクイズ「私はだれでしょう」は、言われたら嫌な気持ちになることは出題しないことを約束します。また、答えを漏らすと楽しみにしている子がつまらなくなってしまうので、係は絶対に言わないようにします。また、正解者だけでなく参加してくれた人全員にお礼を言うことも大切です。

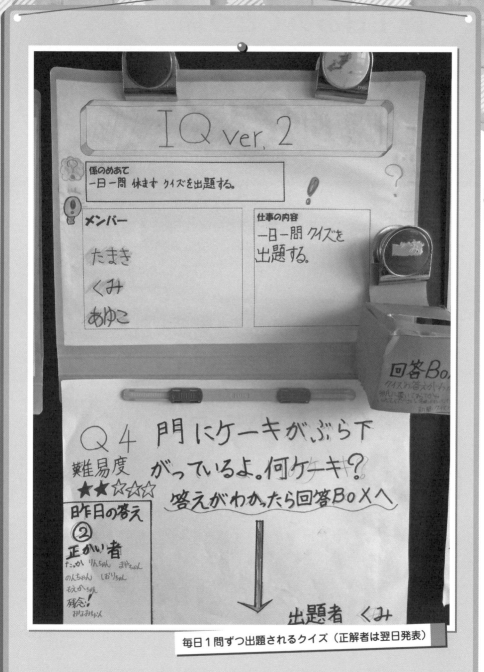

毎日1問ずつ出題されるクイズ（正解者は翌日発表）

3章 どの子も活躍！ 個性派係活動のシステム＆アイデア

誕生日おめでとう係

友だちの誕生日を みんなでお祝いしよう！

　誕生日をお祝いしてもらうのは、だれだってうれしいものです。「いただきます」のかわりに、「○○さん、誕生日おめでとう！」で始まる給食は、ちょっとしたパーティー気分で、楽しく過ごすことができます。

1 クラスみんなの誕生日を覚えよう！

　背面黒板に、クラス全員の誕生日を掲示しておきます。算数「表とグラフ」や英語「When is your birthday?」と関連させて、全員の誕生日を意識させるのもよいでしょう。「同じ月」「同じ星座」がわかると、それだけで仲良くなれます。

2 牛乳で乾杯！

　誕生日をどのようにお祝いするかを考えるのがこの係の仕事です。「誕生日カードをつくろう」（いつでも使えるミニカードを利用）、「その月の誕生日の子がわかる掲示をしよう」（月はじめに掲示を作成）、「給食の牛乳で乾杯しよう」（当番のかわりに前に出て、盛り上げる）など、様々なアイデアがあがってくるはずです。

　学校が休みの日や給食がない日が誕生日の子は、いつお祝いするか決めておきます（早めにお祝いしてもらう方がうれしいようです）。

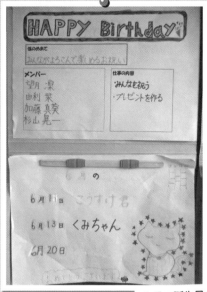

今月の誕生日の掲示とクラスの誕生日一覧

みんなで「おめでとう！」誕生日の子は冠をかぶってひと言

3章 どの子も活躍！ 個性派係活動のシステム&アイデア

3章 どの子も活躍！個性派係活動のシステム＆アイデア

パーティ係

ニコちゃんを貯めてパーティを開こう！

　学級目標が達成できたり、今日のめあてが達成できたり、クラスや学級のためにがんばってくれた友だちを見つけたりしたとき、ビー玉（通称ニコちゃん）貯金をします。そして、ニコちゃんがビンいっぱいになったら、パーティを開きます。そのときに中心になってパーティを計画・実行する係です。

1 日常的に行われない係!?

　パーティは不定期なので、係の活動も不定期です。パーティの日時が決まったら、この指とまれ方式で、イベント係が発足します。もちろん、だれが入ってもOKです。まずは、パーティの内容を相談し、みんなに知らせます。さらに、司会係・プログラム係・音楽係・出し物係などに細分化され、動き出します。

2 みんなが大好きな係

　みんなでがんばったご褒美のようなイベントですから、みんなこの係をやりたいはずです。そうなると結局、クラス全員で相談してパーティの係を分担することになる場合もあるでしょう。背面黒板を開放すると、各係の進行状況を伝えたり、ゲームのチーム分けや出し物の順番を知らせたりしてくれます。

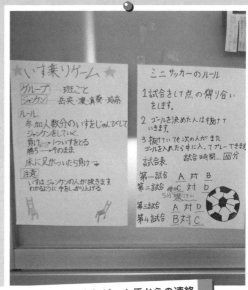

みんなで貯めているニコちゃん貯金とゲーム係からの連絡

様々な看板もつくりパーティを盛り上げます

3章 どの子も活躍！ 個性派係活動のシステム＆アイデア

3章 どの子も活躍！ 個性派係活動のシステム&アイデア

くだらない歴史係

クラスのくだらない歴史を記録しよう！

　学校生活において、子どもたち全員の記憶に残るような大きな出来事はそう多くはありません。しかし、クラス全員で共有し、笑い合えるような小さな出来事は少なくありません。そんな小さな出来事（愛情を込めて、あえてくだらない歴史と呼びます）を記録し、クラスの足跡を刻んでいくための係です。

1 1日に1つ、くだらない歴史を記録

　休み時間や授業中に起こった出来事、ちょっと話題になったことを、1日に1つ記録します。

　例えば、「今日は、11月11日です。○○さんが11時11分に突然『ポッキー！』と叫びました」や、「ゴミ箱から焼きそばのにおいがしました。なぜだろう…」といった本当に小さな出来事でよいです。

2 1週間に1回、くだらない歴史を発表

　金曜日の帰りの会で、月曜日から金曜日までのくだらない歴史をみんなに伝えます。「あ〜、あったあった」「そんなことあったんだ!?」とクラスで盛り上がります。また、年度末にくだらない歴史で1年間を振り返ると、温かい時間を共有することができます。

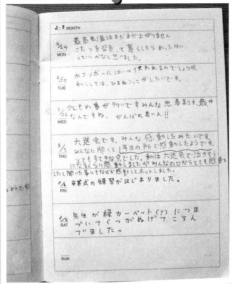
くだらない歴史が書かれたノート（スケジュール帳サイズ）

- 国語の授業で敬語を勉強しました。
  みんな無理やり敬語を使っています。

- 先生がぎっくり腰になりました。
  すごい姿勢で歩いています。

- 先生がテスト祭りと言ってテストが2時間ありました。
  ただテストをたくさんやりたいだけでは…。

- 給食でおもちが出ました。
  みんなのどに詰まりませんでした。

人を傷つけたり、嫌な気持ちにさせたりすること以外はどんなことでもOKです

3章 どの子も活躍！ 個性派係活動のシステム＆アイデア

ほめほめ係

友だちのがんばりを
みんなでたたえよう！

　クラスの仲間ががんばって先生にほめられたりしたときに、起立して「すばらしい！」と言いながら拍手をしたり、「みんな拍手！」と呼びかける、クラスのムードメーカー的な係です。

1 友だちのがんばりを全員でたたえ、喜びを分かち合う

　先生に認められたりほめられたりしたときに、さらにほめられた子をみんなで拍手してたたえることで、ほめられた子は自信を深め、笑顔になれます。この活動を続けることで、友だちとお互いのがんばりを認め合う雰囲気が学級にはぐくまれていきます。

　はじめは教師がどこで拍手すればよいのかを教えます。また、ここぞというタイミングで「ほめほめ係、拍手！」と投げかけるのもよいでしょう。そうすることで、少しずつ、拍手をするタイミングや、どういったときに拍手をすればよいのかがわかってきます。

2 拍手だけでなく、ほめ言葉なども入れる

　拍手を促すだけでなく、「すばらしい！」「がんばったね！」といった前向きな言葉かけも認めます。

どんなときに　はくしゅをするか
1　いつ　はくしゅを　するか
　①かえりの会のとき
　②じゅぎょうのおわりに先生が　ほめたとき
　③朝の会で　先生が　ほめたとき
　④みんなが　ともだちを　ほめたとき
　⑤クラスみんながほめられたとき
2　どんなことばを　つけたして　はくしゅ
　するか
　①「すごいね。」
　②「がんばったね」
　③「じょうずだね」
　④「よかったね」
　⑤ことばが出ないときには　立って　はくし
　をする

拍手のタイミングや使う言葉を一覧にして掲示しておきます

3章 どの子も活躍！個性派係活動のシステム＆アイデア

ランキング係

ランキング形式でみんなのことをもっと知ろう！

学級生活にかかわる様々なことをランキングにして発表する係です。

1 ランキング係を決める

この指止まれ方式で募集しますが、テレビなどでも様々なランキングが人気なので、なりたい子どもが多いはずです。その場合は、2班以上に分けて活動させるようにします。

2 ランキングの調査をする

例えば、クラスの子どもたちにアンケートをとるという方法があります。そのアンケートを集計してグラフにしたり、表にしたりして、わかりやすくランキングを発表させます（社会や算数の、資料の整理の学習と関連させることができます）。

行事があるときは、ランキング係が活躍するチャンスです。例えば、百人一首大会や腕相撲大会を行った場合は、その結果をランキングにします。

注意すべき点は、どの子も1回はランキングに登場するように管理をさせることです。また、よくないことや成績に直接つながるようなこと、人のいやがるようなことはランキングにしない、ということも約束しておく必要があります。

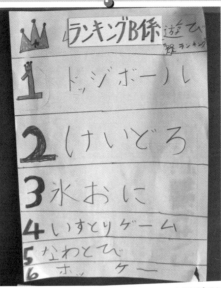

背面黒板を使って発表します(写真は「好きな遊びランキング」)

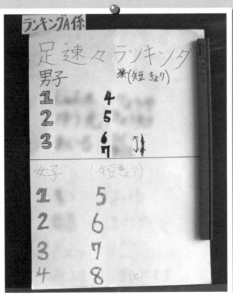

どの子も1回はランキングに登場するように(順位の横に名前)

3章 どの子も活躍！ 個性派係活動のシステム&アイデア

3章 どの子も活躍！ 個性派係活動のシステム＆アイデア

ニセ児童会

みんなのためになることを勝手にやろう！

　児童会は、学校の代表として学校のみんなのためになることをします。この児童会役員に憧れている子は多くいます。そこで、児童会役員ではないけれど、学校のみんなのために勝手連的に自主的活動をするのがこのニセ児童会です。

1 急に雨が降ってきたら旗を降ろす

　児童会役員の仕事の１つに、国旗や校旗の揚げ降ろしがあります。例えば、急に雨が降ってきたときには旗を降ろさなくてはいけませんが、間に合わないときがあります。そこで、ニセ児童会役員に、急な雨のときに限って、旗を降ろすようにお願いをしておきます。雨が降ると嬉々として旗を降ろしてくれます。

2 あいさつ運動に参加

　児童会役員が校舎入り口に立ってあいさつをします。パペット（手首まで入れる操り人形）を持ってあいさつをしていると、パペットを持ちたがる子がいます。そこで、ニセ児童会役員に任命して、一緒にあいさつ運動をしてもらいます。

急に雨が降ってきたので旗を降ろしに緊急出動！

あいさつ運動に飛び入り参加！

3章 どの子も活躍！ 個性派係活動のシステム＆アイデア

3章 どの子も活躍！ 個性派係活動のシステム＆アイデア

手品係

みんなで手品を楽しもう！

手品を披露して、クラスのみんなを楽しませる係です。

1 手品披露からタネ明かしまで

雨の日や自分たちで決めた発表会の日に手品を披露する係です。披露するだけでなく、手品のタネ明かしをする特別な日を決めると、注目度も上がります。

2 手品発表会をしよう

前日までに、教室の背面黒板に掲示物を貼ったり、帰りの会でお知らせしたりして告知をします。

手品は1つにつき、2分以内程度で終わらせるようにします（あまり長いと、飽きてしまう子どもが出てきます）。

手品をしやすいように広めの机を準備したり、タネがわかってしまわないように見ている子どもとの距離をうまくつくることも大事です。

緊張して失敗してしまう子もいるかもしれませんが、はじめとおわりに必ず拍手をすることで、見ている子どもたちにも発表会の雰囲気を盛り上げてもらいましょう。

カードマジックはバリエーションも豊富で低学年でも挑戦しやすい手品です

手品の盛り上げアイテム（CD＝オリーブの首飾り（おなじみ♪チャラララララーン）、変装グッズ、書写の下敷き（ものを隠す））

3章 どの子も活躍！ 個性派係活動のシステム＆アイデア

3章 どの子も活躍！ 個性派係活動のシステム＆アイデア

写真係

最高の瞬間を最高のクオリティで

　1枚の写真は多くの事実を語ってくれます。楽しかった授業、楽しく過ごした友だちとの生活を子どもたち自身が記録していく。それがこの写真係です。より充実した学級にするための一助として写真を活用していきます。

1 写真の上手な撮り方をクラス全員に教える

　3年の社会科で写真で記録をとる学習を行ったりしますが、せっかく写真を撮るなら上手に撮りたいものです。そこで、4月に基本的なカメラの使い方をクラス全員に教えます。教える内容は学年に合わせて変えていきますが、落とさない持ち方、ピンぼけや逆光にならない撮り方などを教えます。撮った後の画像の保存の仕方やプリントの仕方も教えておきます。

2 アドバイス次第でどんどん上達

　希望者を募るとやりたい子どもは大勢いますが、2〜3人に絞ります。あとの子どもは自分の係の活動の中でも写真を撮ってよいことにします。
　教室に写真コーナーをつくり、説明付きで掲示します。写真の出来についてアドバイスを繰り返すと、どんどん上達していきます。教師が撮るのとはひと味違う構図の写真や、おもしろい場面をとらえた写真などもあり、子どもの個性が遺憾なく発揮されます。

理科の授業の中で写真を撮る練習をしています(6年)

目的に見合った撮り方ができているのはどれかを比較しています(6年)

3章 どの子も活躍! 個性派係活動のシステム&アイデア

3章 どの子も活躍！ 個性派係活動のシステム＆アイデア

イベント係

楽しいイベントで学校生活を盛り上げよう！

　毎日授業に集中するのは大事なことですが、学校生活もそれだけでは楽しくありません。たまには自分たちで考えた楽しいイベントをやりたいものです。その企画や運営の中心になるのがイベント係です。

1 クラスのみんなにやりたいことを尋ね、原案をつくる

　帰りの会でもアンケートでもよいのですが、クラスのみんなにやりたいことを尋ねます。いろいろな案が出されるので、質問や反対 or 賛成意見を出してもらって絞っていき、イベントの内容を決めます。それを基にイベント係がプログラムや分担などを決め、学級新聞や係コーナーに掲示します。

2 全員がみんなの前に立つ経験をできるように

　歌、はじめの言葉、乾杯などなど、いろいろな役割があります。教師は、何回かのイベントで全員がみんなの前に立つ経験をできるようにアドバイスをします。クラスの全員が主体的に参加し、イベントを通して成長するためです。

　日時、分担が決まったら準備に入ります。特に、はじめて司会をする子どもには、リハーサルをして自信をもって本番を迎えることができるようにしてあげます。

お化け屋敷パーティのひとコマ（3年）

運動会完全優勝を祝して乾杯！（5年）

3章 どの子も活躍！ 個性派係活動のシステム＆アイデア

3章 どの子も活躍！ 個性派係活動のシステム＆アイデア

雨の日対策係

急な雨でも心配無用

　登校時には晴れていても、午後から急に雨が降り出し、下校時に傘がなくて困ってしまうことは少なくありません。そんなとき活躍するのが雨の日対策係です。傘を持っていない子どもに貸してあげる、学校ぐるみの係活動（ユニット）です。

1 貸し傘を準備する

　忘れ物の傘で、所有者がわからず処分に困っている傘を貸し傘用にとっておきます。
　普通の傘立てと区別し、ユニットの看板を貼っておくことで、普段から傘を貸し出すシステムがあるということをアピールしておきます。

2 校内放送で貸し出しのアナウンスをする

　急に雨が降ってきたら、下校前の時間に校内放送を流します。
　「急に雨が降ってきたので、傘を貸し出します。必要な人は昇降口に来てください。」
　傘を貸した人は名簿に名前を書いてもらいます。傘は後日専用の傘立てに戻してもらい、名簿にチェックを入れてもらうようにします。

雨の日対策ユニットの看板を貼った傘立てを常時設置し、システムを周知させます

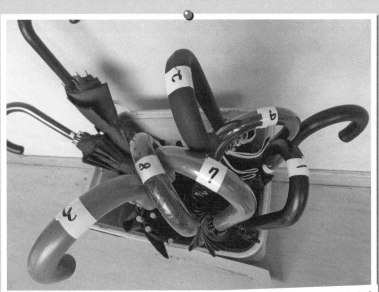

貸し出す傘には番号を振っておきます

3章 どの子も活躍！ 個性派係活動のシステム&アイデア

3章 どの子も活躍！ 個性派係活動のシステム＆アイデア

今日の一句係

クラスの出来事で一句詠もう！

　いきなり詩を書いたりするのは大変ですが、小学校高学年の子どもや中学生であれば、川柳や短歌なら楽しみながらすぐに書けます。学校生活に知的な薫りをプラスする係活動です。

1 学校生活を俳句や川柳、短歌で表現

　背面黒板に「今日の一句」というコーナーをつくります。一句読みたい子どもに立候補してもらい、今日の一句係に任命します。
　俳句や川柳、短歌など形式は問いませんが、学校生活の中での出来事など、学校絡みのことにテーマは限定します。

2 よい作品は教師がほめる

　今日の一句係の子どもたちは、背面黒板に思いついた一句を書いていきます。毎日一句つくるのが大変そうなときは、今週の一句にしてもよいでしょう。中には俳号を考える子どもも出てきます。
　よい作品は教師がほめ、特選などと書き加えてクラス全員に紹介すると、活動に興味をもち、自分も加わりたいという子どもが増えてきます。また、毎日の一句をまとめておくと、年度末に1年間の様子を振り返ることができます。

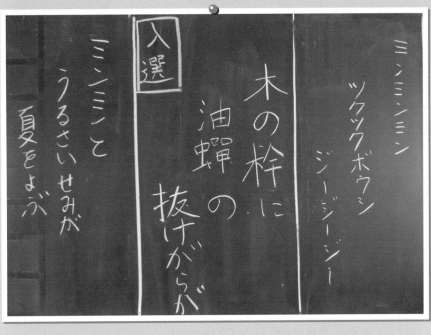

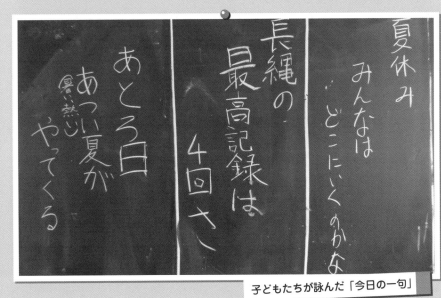

子どもたちが詠んだ「今日の一句」

3章 どの子も活躍！ 個性派係活動のシステム＆アイデア

学級新聞係

クラスのみんなをつなぐ楽しい新聞をつくろう！

　楽しい学級生活の様子を記録していくために学級新聞をつくります。文章やイラストをかくのが好きな子を中心に、他の係に頼んだりしながら作成し、ファイルに綴じていって年度末に製本します。

1 学級新聞の意義を話し、担当者を募集する

　4月のはじめにやってくれる人を募集します。その際、これまで担任したクラスでつくってきた新聞集を見せます。「自分の書いた文がそのままこのような本に載ります」「字が上手な人、イラストやカットが得意な人は活躍できます」などと話せば、希望者がたくさん出てきます。

2 みんなに知らせたいことや自分が知りたいことが記事に

　4月のはじめは、新しいクラスになって感じたことなどのインタビュー、自分たちでかきたいイラスト、係からのお知らせなどが記事になります。
　しかし、それだけでは物足りなくなってくるので、担任に行事の写真を貸してほしいなどといった要望が出るようになります。こういったときに参考になるのが代々の新聞集です。担任した代々の教え子たちがつくった新聞集を教室に常備しておきます。

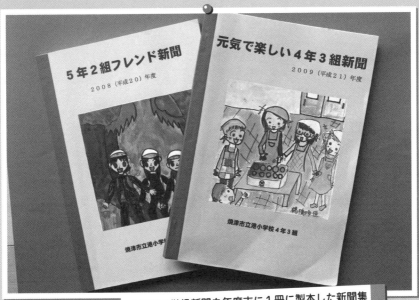

1年間の学級新聞を年度末に1冊に製本した新聞集

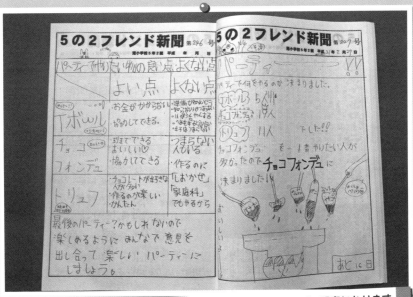

学級会で話し合った楽しいことはすぐに記事になります

3章 どの子も活躍！ 個性派係活動のシステム&アイデア

3章 どの子も活躍！ 個性派係活動のシステム＆アイデア

お天気係

リアルタイムで気象情報を発信しよう！

　「雨がパラパラ降ってるみたいだけど、運動場で遊べるかな？」「今日は帰りに雨が降るのかな？」。学校にいても天気の様子は、いろいろと気になります。そこで、お天気好きの子に気象情報の発信をしてもらいましょう。

1 温度や湿度をお知らせする

　教室にある温度計や湿度計で、現在の気温や湿度を調べます。そして、お天気係のコーナーで温度や湿度をお知らせします。
　また、天候が微妙なときには、運動場で遊んでもよいか職員室に確認しに行って、クラスにお知らせします。

2 天気をズバリ予想する

　気圧の変化から、今後の天気を予想するグッズがあります。右ページ下の写真のカエルのガラスは、傘のところまで水がくると雨が近いことがわかります。
　また、イモリを飼っていたら、イモリが水から出たら雨が降る確率が高くなります。他にも「ツバメが低く飛んだら雨」のように、観天望気を活用してもいいですね。

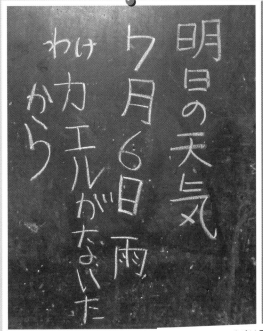
明日の天気をズバリ予想！

お天気予想グッズで天気予報をします

4章

子どものやる気に火をつけろ！
係活動の盛り上げアイデア

4章では、係活動を盛り上げるアイデアを紹介します。

ここでは、係活動を盛り上げるための運営の仕方や手順などについて述べていきます。

1 場所・もの・時間を保障する

係やそのシステムができても、油断は禁物です。ただ「やっておきなさい」と言うだけでは、子どもは動きません。係活動を継続し、盛り上げるためには、「場所・もの・時間」の保障が必要です。

例えば、クイズ係がみんなにクイズを楽しんでもらいたいと考えたとします。教師はその活動を認めるだけではなく、必要なものを貸し出したり、それらを置く場所を貸し出したり、準備をするための時間を保障したりしなくてはいけません。

●場所…教室の空きロッカーに道具を置ける場所をつくる。
●もの…回答者が答えを書くホワイトボードを貸し出す。
●時間…テスト終了後のすき間時間に問題づくりをすることを認める。

このように、場所・もの・時間を保障することで、クイズ係は安心して活動することができます。

2 広報活動を取り入れてPRする

3章で紹介したような子どもたちが進んでやる係活動は、やりたい人がやりたいときに行えばよいのですが、仲間内だけでの活動ではやがて停滞してしまいます。

そこで、教師が働きかけて、いろいろな方法で自分たちの係活動をPRさせると盛り上がります。

例えば、背面黒板を解放し宣伝をしてもらう、チラシをつくって配付する、学級だよりで紹介する、などです。

自分たちの活動を友だちや保護者の方たちにまで知ってもらうことで、さらにやる気がアップします。

3 係活動を評価し合う

係活動に限らず、子どもは前向きに評価されることでやる気がアップします。そこで、「○○がよかった」「今度○○をしてほしい」といったメッセージを他の係に送ったり、どの係の考えた企画を実現したいか選挙で選んだりすることが考えられます。

自主的な係活動では、同じような活動内容の係ができる場合もあります。そういったときは、うまくライバル関係をつくって競わせるのも活動を盛り上げる１つの手だてになります。

いずれにせよ子どもたちを絶えずその気にさせる手だてが必要で、それらは「きめこまかく」という視点でまとめることができます。

き（気配り）……活動に足りないものはないか。
め（目配り）……危ないことをしていないか。
こ（心遣い）……その子のよさが生かせるものはないか。
ま（待つ）………子どもの自主性を尊重する。
か（構えない）…「こうでなければならない」と固く考えない。
く（口を出す）…安全面などで好ましくない場合は適切に助言する。

4章 子どものやる気に火をつけろ！ 係活動の盛り上げアイデア

広報ポスターをつくって活動をアピールしよう！

　クラスには、たくさんの係があり、協力し合って活動しています。しかし、常に前向きに取り組む係もあれば、続けていくうちに活動が停滞してしまう係も出てきます。活動状況を把握する表をつくり、シールを貼らせて管理するような方法もありますが、がんばっている係の意欲も削ぐような方法はあまりとりたくないものです。そこで、初心に立ち返るために、係ごとに広報ポスターをつくってもらい、活動をクラスに向けてアピールさせます。

1 お願いや活動の様子だけでなく、提案も

　ポスターには、係からのお願いや活動の様子を書きます。例えば、体育係なら「体育の時間は早く並んで体操をしましょう」とか「体育係はみんなのためにボールやビブスを用意しています」などと書きます。それだけではなく、「休み時間にみんなでドッジボールをやりましょう」といった提案なども入れさせると、今後の活動にもつながっていきます。

2 用紙の大きさを変えてみる

　ポスターの用紙は、大きさをいろいろと変えてみると変化が出ます。大きな用紙は迫力がありますが、小さめの用紙にも、貼る場所にマッチした掲示ができるというよさがあります。

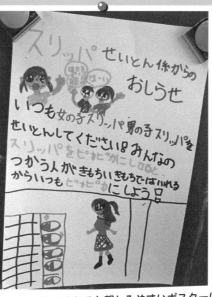

イラストを多く入れると親しみやすいポスターになります

貼る場所にマッチした用紙の大きさで

4章 子どものやる気に火をつけろ！ 係活動の盛り上げアイデア

係のネーミングを工夫しよう！

1 オリジナルの係名を考えさせる

担当する係が決まったら、今度は係名（ネーミング）にも少しこだわってみると、子どもたちの個性が発揮され、活動に対する意欲が盛り上がっていきます。

係名を決める条件は、名前を見て何の係かわかればよい、ということだけです。

もし、なかなかよいネーミングが浮かばない場合には、「○○会社」「○○隊」「○○センター」などの中から選び、○○にその係だとわかる言葉を入れさせるとよいでしょう。

2 係の中で役職名を決める

係の中での役割に応じてそれぞれの呼び方まで決めさせると、さらに盛り上がります。

例えば、「○○会社」だったら「社長」「部長」「課長」、「○○隊」だったら「隊長」「副隊長」「隊員」、「○○センター」だったら「所長」「所員」といった感じです。

- ●予定係……スケジュール会社、明日の計画隊
- ●音楽係……ドレミ会社、ミュージックセンター
- ●手紙係……レターセンター、手紙のことならおまかせ隊
- ●ごみ係……教室ピカピカ隊、リサイクルセンター、ごみ収集班
- ●配達係……郵便会社、4の3宅急便、郵便局
- ●保健係……元気いっぱい保健室、パワフル病院
- ●整頓係……きちっとかたづけ隊、せいとんランド
- ●体育係……スポーツし隊、炎のスポーツ会社、モリモリキン肉マン
- ●手伝い係…先生お助け隊、先生まかせてセンター

ユニークなネーミングで雰囲気を盛り上げます

ネーミングを工夫するとポスターもより個性的に

第4章 子どものやる気に火をつけろ！ 係活動の盛り上げアイデア

4章 子どものやる気に火をつけろ！ 係活動の盛り上げアイデア

学級通信で係活動を紹介

1 係ごとに写真を撮る

　係ごとにデジタルカメラで写真を撮ります。そのときに、写真だけで何係かわかるようにするにはどうすればよいか子どもたちに考えさせます。子どもたちがよく考えるのは、係で使うものを持ったり、係で使うものの前に立ったりするパターンです。こうすることで、自分の子どもがどんな仕事をしているのか、保護者の方にも具体的なイメージをもってとらえてもらうことができます。

2 係の写真・係名・メンバー・仕事内容を紹介する

　撮影した係ごとの写真とともに、子どもたちが考えた係名、メンバー、仕事の内容を添えることで、わかりやすく伝えます。

3 タイトルを「係の紹介」として、特集号とする

　係の紹介は学級通信の特集号とします。写真付きということもあり、保護者の方たちにも喜んで読んでもらえるはずです。学期が変わり、新しい係活動を始めたときには、また特集を組んで紹介するとよいでしょう。

係で使うものと一緒に写真を撮影します

スマスマ3組 No.8 2013.4.17(水) 4年3組学級通信

係の紹介①
「自分から」働けるように係名も役名もちょっと考えさせました！

黒板会社
社長　福井海斗
副社長　三浦光
社員　相磯太輝
仕事…黒板けしで黒板に書いてある字をけす。

図書室センター
社長＆社員　関口翔
仕事…・本の整とん
・図書委員会アワーの答えをみんなから聞いて書く。

炎のスポーツ会社
社長　安藤凜太郎
副社長　長倉海斗
仕事…ならばせたり、体そうをする。

予定会社
社長　柴田実芽
副社長　武田ひより
仕事…毎日予定を書く。

ほけん会社
社長　三浦巧聖
社員　前林憧飛
仕事…人の体調を聞いて書く。

電テレサービス隊
隊長　岩本和磨
副社長　武田ひより
仕事…テレビと教室の電気をつけたり、消したりする。

先生お手伝い会社
社長　川村莉聖
社員　佐野友理乃
仕事…先生の手伝いをする。

リサイクルセンター
社長　増山春花
社員　望月あずみ
仕事…・ごみすて（毎週木曜日）
・ロッカーの整とん

お願い（緊急情報！！）
今週から本格的に教科の学習が始まりましたが、ノートの忘れ物や記名なしが続出しています。新しいノートを購入したばかりで混乱もあると思います。ノートの確認（どの学習がどのノートか）やノートの記名をお子様と一緒に確認してください。よろしくお願いします！

「係の紹介」というタイトルで、特集号にします

4章　子どものやる気に火をつけろ！　係活動の盛り上げアイデア

> 4章 子どものやる気に火をつけろ！ 係活動の盛り上げアイデア

イベントの注目度がグンと上がるポスターをつくろう！

　係でイベントを行ったりする際、参加者や協力者を募るときに、その告知ポスターの工夫次第で注目度がかなり変わってきます。
　ここでは雑草抜きに参加するボランティア募集についてのポスターを例にあげます。

1 日時、場所、持ち物を書く

　しっかりと伝えなければならないことは正確かつ簡潔に書きます。

2 目的やキャッチコピーを書く

　もともと雑草抜きは学校をきれいにするためのものですが、それだけではおもしろくないので、雑草抜きを競技として考えて架空の対戦相手をつくり、その相手と雑草抜きで戦うストーリーをつくり上げます。
　キャッチコピーも、映画の宣伝文をもじるなどしておもしろくします。

3 主催、後援などを書く

　「主催　全国雑草抜き連盟　後援　NPO雑草から校舎を守ろうの会」などとあえて大仰な表現を使います。

第230回雑草抜き選手権大会
東海北陸の部 選手募集！

日は
　　また昇る
　草は
　　また伸びる

昨年の優勝校は雑草量11.2kgの南〇〇小学校でした。本校は11kgで惜しくも全国大会に出られませんでした。今年こそがんばりましょう！

日　程	平成〇年〇月〇日　〇時〇分より
場　所	会場校は〇〇小学校（本校）中庭
持ち物	帽子、水筒、軍手、やる気、元気、根気、負けん気
募集人数	300名まで
主　催	全国雑草抜き連盟
後　援	NPO 雑草から校舎を守ろうの会

ポスター1枚で雑草抜きが楽しいイベントに変身！

4章　子どものやる気に火をつけろ！　係活動の盛り上げアイデア

4章 子どものやる気に火をつけろ！ 係活動の盛り上げアイデア

始まりはいつも突然に

1 遊びの延長線上にある係活動

　自主的な係活動は、遊びの延長線上にあります。遊びは、自分がやりたいときに、その場にいるメンバーで始まります。事前に、いつ・どこで・だれが・どんなふうに、など細かいことは決めたりしません。
　ですから、自主的な係活動でも、例えばスポーツ係が「今日の昼休みにとなりのクラスとドッジボール対決をします。やりたい人は来てください」などと呼びかけたりしてもよいことにします。
　こうした突然の呼びかけが認められていると、子どもたちもやりたいと思ったときにすぐに行動に移すことができます。

2 担任には事前に一声かける

　とはいえ、担任の先生には事前に一声かけることをルールとして決めておく必要があります。例えば、手づくりお菓子係が「みんなに手づくりのお菓子をプレゼントしたい」と企画しても、学級に食物アレルギーをもつ子がいる場合もあります。
　教師は、係活動が安全・安心にできるように要所は注意しておかなければいけません。

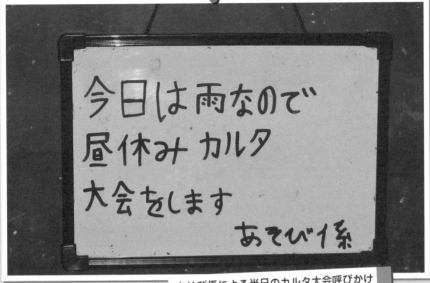

あそび係による当日のカルタ大会呼びかけ

雨の一日限定で行われたカルタ大会

4章 子どものやる気に火をつけろ！ 係活動の盛り上げアイデア

5章

あると必ず役に立つ!
係活動の
おすすめアイテム

これまでにも述べてきたとおり、子どもたちは、ちょっとした小道具や小物を用意するだけで、その気になって係活動に取り組みます。

1 教室にあるものを活用する

シールや名簿、タイマーなど、もともと教室にあるものを係活動に提供します。

具体的には、次のようなものが考えられます。

- ●シール……………がんばりの証に
- ●タイマー…………時間を計るときに
- ●ホワイトボード…連絡や告知に

2 係活動のために小道具や小物を用意する

ミニホワイトボードやくじ引き用のわりばしなど、安価な小道具や小物をを用意し、係活動で使えるようにします。

具体的には、次のようなものが考えられます。

- ●ミニ賞状……………係オリジナルの賞状
- ●ごほうびシール……学級で使うシールとは別に係活動用に準備
- ●わりばし……………くじ引き用
- ●名簿…………………気軽に使えるイニシャル、あだ名入り
- ●トロフィー…………学級でのイベント用
- ●くす玉………………お祝い事があったときに

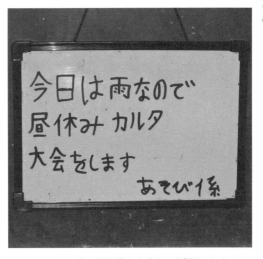

ホワイトボードは様々な告知で活用します

割りばしはくじ引きのくじとして活用します

くす玉は学級イベントを盛り上げたりお祝い事があったりしたときの必須アイテム。何度でも使うことができます。

5章 あると必ず役に立つ！ 係活動のおすすめアイテム

ミニ賞状

友だちのよいところを表彰しよう！

　帰りの会で、一日の振り返りとして、友だちのよいところ、がんばったところを見つける活動を行うと、笑顔で一日を終わることができます。そんな活動でミニ賞状が大きな役割を果たします。

1 自由に使える賞状をつくる

　コンピュータを使って、ミニ賞状を作成します（一太郎スマイルなど）。Ａ４で10枚程度の大きさです。できた賞状は、いつでも使えるように、教室の棚に常備しておきます。最初は教師がつくりますが、足りなくなったら補充ができるように、賞状係を決めておいてもよいでしょう。

2 帰りの会で表彰

　「トイレのスリッパを整頓していました」「国語で発表をがんばっていました」「リレーのバトンパスが上手です」「給食当番の手伝いをしてくれて、ありがとう」
　見つけたことを帰りの会で表彰しながら発表します。教師の気付かないことも子どもたちはよく見ています。ミニ賞状は、背面黒板で掲示します。「班の友だちのよいところを見つけよう」など条件を付ける日をつくると、ある程度の期間で全員が賞状をもらえます。

いつでも使える賞状を作成し、常備しておきます

みんなの前で表彰！

5章 あると必ず役に立つ！ 係活動のおすすめアイテム

5章 あると必ず役に立つ！ 係活動のおすすめアイテム

シール

いつでもどこでも手軽に活用

　学校生活の様々な場面でがんばったことの証として、シールをあげることは少なくありません。実際、シールをもらうことを楽しみにしてがんばっている子どももいます。係活動においても、子どもたちのがんばりが認められたときにシールをあげます。

1 いつでも使える状態に

　子どもたちの活動でよい場面が見受けられたら、すぐにその場でほめるというのが原則ですが、シールを机の中や戸棚の奥にしまっていると、取り出すだけで時間がかかります。

　そこで、教師用デスクの横に、小さな袋に入れて貼り付けておき、いつでも使える状態にしておきます。

2 賞状に貼って華を添える

　前項で紹介したミニ賞状との合わせ技になりますが、賞状をより華やかなものにするためにシールを活用します。

　これは、「賞」「たいへんよくできました」などの言葉が入ったものがよいでしょう。

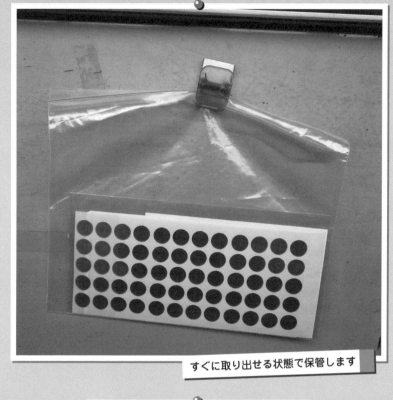

すぐに取り出せる状態で保管します

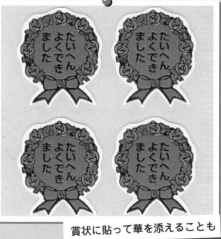

賞状に貼って華を添えることも

5章 あると必ず役に立つ！ 係活動のおすすめアイテム

5章 あると必ず役に立つ！ 係活動のおすすめアイテム
イベント系アイテム

小物の工夫で
学級イベントがさらに盛り上がる！

1 優勝者にはトロフィー

　小さめのトロフィーを1つ用意しておき、係活動で使ってよいことにします。係が企画したイベントや大会の優勝者には、このトロフィーが授与されます。

　トロフィーは使い回しですが、優勝者の名前を書いたリボンはイベントごとにつけていきます。このトロフィーに刺激されて、新しい大会が生まれることも少なくありません。

2 くす玉でお祝い

　100円ショップなどで購入できるおもちゃのくす玉を用意しておきます。何度でも再利用できるのが大きなメリットで、いろいろな場面で活用することができます。

3 早押しピンポンブー

　クイズ大会などで回答するときに使います。早押しが可能なので、テレビ番組のようなクイズができ、雰囲気が盛り上がります。右ページ下のパーティーグッズは6人が同時に参加できます。

多用途に使えるミニトロフィー。あると何かと便利!

早押しピンポンブー。クイズ大会で使えば盛り上がること間違いなし!

5章 あると必ず役に立つ! 係活動のおすすめアイテム

5章 あると必ず役に立つ！ 係活動のおすすめアイテム

告知系アイテム

手軽に使えるアイテムを たくさん準備

1 場所を選ばず使えるホワイトボード

　ホワイトボードは子どもたちが好きなアイテムの1つです。気軽に書いたり消したりできるところに人気の秘密があります。

　こうした気軽さを、係活動の中にも取り入れていきましょう。いつでも使えるように、数枚のホワイトボードを用意しておき、背面黒板に貼ってよいことにします。

　背面黒板だと、その場所でないと書けませんが、ホワイトボードだと、自分の机など場所を選ばずに書くことができます。掲示も場所を限定されず、いろいろなところに掲げることができます。

2 画用紙、マジック類は自由に使えるように

　画用紙やマジック類も十分に用意しておき、様々な告知のためなどに使ってよいことにします。自由に使えるものがあるからこそ、「やってみよう」という意欲が生まれます。

　また、印刷室などに色画用紙の端切れがあったら、少しいただいて一緒に置いておきます。きれいな色画用紙を見つけた子どもたちは、それらを活用する方法を考えることでしょう。

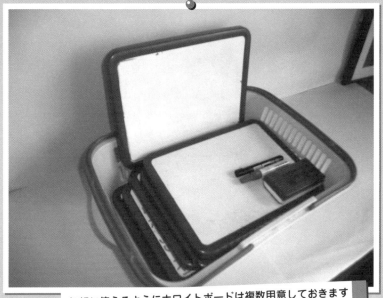
気軽に使えるようにホワイトボードは複数用意しておきます

マジック類はたくさん常備します

色画用紙の切れ端も活用します

5章 あると必ず役に立つ！ 係活動のおすすめアイテム

5章 あると必ず役に立つ！ 係活動のおすすめアイテム

くじ

くじ引きで、ハラハラ、ドキドキ！

　子どもたちは、くじ引きが大好きです。くじは、係活動にかかわる様々な場面で活用することができますし、場合によっては、くじ引き係を決めて活用していくことも考えられます。

1 くじ引きで、ハラハラ、ドキドキ！

　くじ引き係を決めて活動をさせると、毎日の学校生活をちょっと楽しくする様々なアイデアが出てきます。
　例えば、帰りの会の前にくじ引きを行います。①～③の番号が書いてある球をくじ引き係や係に指名された子どもが引きます。
　①の番号が出たら、帰りにプリントをやる。
　②の番号が出たら、帰りの会はなしですぐに帰る。
　③の番号が出たら、普通に帰りの会をやる。
などと決めておきます。
　給食で余ったデザートを分配するときなどもくじ引き係の活躍場面です。

2 頻度や数について最低限のルールは設ける

　あまり頻繁に行ったり、引くくじの数が多過ぎたりすると、本来の活動に支障を来す場合があるので、最低限のルールは設けておきます。

番号が書いてある球を引くくじ

わりばしで自作したくじ

5章 あると必ず役に立つ！ 係活動のおすすめアイテム

5章 あると必ず役に立つ！ 係活動のおすすめアイテム

名簿

係活動で気軽に使えるように

1 名簿は愛称で

　名簿は係活動で何かと重宝するアイテムの1つです。ただし、名簿は名前が入っている個人情報のファイルであり、気軽に子どもたちに渡すことはできません。

　そこで、係活動で、効率よく安心して使うことができるように工夫しましょう。

　例えば、名前のかわりにクラス内でのあだ名や愛称を入れておきます。また、必要に応じて、○年○組といった不要な情報も削除します。

　これで、係活動で安心して使うことができます。

2 係活動カードで次の活動を活性化

　「いつ」「どこで」「だれが」「何を」「どうする」という4W1Hがわかる係活動のカードを用意します。

　特に、後出の「カード計画表」と同様に、係活動が停滞してきたときなどにこのカードを書かせることによって、それまでの自分たちの活動を振り返らせ、次の活動を活性化させることができます。

No.	児童氏名	アンケート	出した人	やりたい人	きた人			
	4年3組							
1	ともちん	○		○	○			
2	みづきちゃん	○	○	○	○			
3	しゅんしゅん	○		○	○			
4	まゆちゃん	○		○	○			
5	たくみ		○	○				
6	いわちゃん	○		○	○			
7	だいだい	○		○	○			
8	あらた	○	○	○	○			
9	おざちゃん	○		○	○			
10	ゆう			○	○			
11	ゆうなっぴ	○		○				
12	たけちゃん	○	○	○	○			
13	あやや			○	○			

名前を愛称に変えることで安心して使えます

	係活動カード	
いつ	水曜日の昼休み	
どこで	教室で	
だれが	来たい人が	
何を	お茶クイズ大会	
どうする	正解したらお茶のサービス	

「いつ」「どこで」「だれが」「何を」「どうする」の4W1Hがわかる係活動カード

5章 あると必ず役に立つ！ 係活動のおすすめアイテム

5章 あると必ず役に立つ！ 係活動のおすすめアイテム

カード計画表

計画から反省まで 1枚でできる便利アイテム

1 活動が停滞してきたときに

　子どもたちは、係の仕事がとても好きです。しかし、時間が経つにつれて活動が停滞する係がどうしても出てきてしまいます。いつやるか、どんなことをするか、といったことを壁面に掲示しておいても、あまり効果はありません。

　そこで、子どもが手元に置いてすぐに見ることができるカードサイズの計画表を持たせると、活動に対する意識を高めることができます。また、反省を記入するスペースを設けておくと、それに対して教師から励ましの言葉をおくったりコメントをすることもできます。

2 シンプルでわかりやすい形式に

　カード計画表は、1週間の活動状況がすぐにわかるシンプルな形式にします（日付を入れると作成するのが大変になるので、曜日だけ（月～金）にします）。

　「どんなことを」「いつやるか」を明確にし、1週間の最後に反省を書いて教師に提出させます。教師が応じて励ましの声をかけてあげることで活動へのモチベーションがアップする子どもも少なくありません。

かかりのしごとを頑張ろう	なまえ				
	月	火	水	木	金
係の名前					
係の仕事どんなことをするか					
いつやるか					
反省					

※できたら○、できなかったら×をつける

かかりのしごとを頑張ろう	なまえ				
	月	火	水	木	金
係の名前					
係の仕事どんなことをするか					
いつやるか					
反省					

※できたら○、できなかったら×をつける

かかりのしごとを頑張ろう	なまえ				
	月	火	水	木	金
係の名前					
係の仕事どんなことをするか					
いつやるか					
反省					

※できたら○、できなかったら×をつける

カードサイズなので、何枚かずつまとめて印刷できます

かかりのしごとを頑張ろう	なまえ				
	月	火	水	木	金
係の名前 せいとん					
係の仕事どんなことをするか おはようボックスを出す。	○	○	○	○	○
いつやるか かえりの会					
反省 わすれずがんばってできました。					

※できたら○、できなかったら×をつける

1週間の最後に反省を忘れずに

5章 あると必ず役に立つ！ 係活動のおすすめアイテム

おわりに

　学級の中の価値観を、「勉強ができる」「運動ができる」だけにしてはいけません。人には様々なよさがあり、そのよさが認められる学級でなければいけません。

　サッカーが上手な子もいれば、にっこりと気持ちよくあいさつができる子もいます。友だちの心の痛みがわかる子もいます。
　一人ひとりのよさは、他の人から見たら、「どうしてこんなことができるのだろう？」とまるで魔法のように見えることでしょう。

　残念ながら私たち人間は、こうした魔法のすべてを使える優等生になることはできません。しかし、だれにも負けない魔法を１つか２つ、だれかの笑顔のために使ったとき、自分にも笑顔が生まれます。
　自分も他人も幸せにする魔法とは、すなわち自分自身のよさや得意なことです。

　このことは、教科書にも学習指導要領にも書いてありませんが、真実だと確信しています。自分も他人も幸せにする魔法は、きっと少年少女時代から"好きなこと"として、その一部が顔をのぞかせていることでしょう。

　これから人生を切り拓いていく子どもたちに、係活動という実体験を通して、自分も他人も幸せにする魔法を実感してほしいと願っています。それぞれが授かった天分を、生涯かけて出し尽くすところに、生きる値打ちがあるはずです。その芽を１つでも多く見つけて、育てたいと思います。
　2015年２月

静岡教育サークル「シリウス」
森竹　高裕

【編著者紹介】

静岡教育サークル「シリウス」
（しずおかきょういくさーくる「しりうす」）

1984年創立。
「理論より実践」「具体的な子どもの事実」「小さな事実から大きな結論を導かない」これらがサークルの主な柱です。
自分の実践を語る場がある、聞いてくれる仲間がいるというのはすばらしいことです。同じ志をもつ仲間がそこにはいます。

連絡先　柴田克美　✉ pinokio2008@live.jp
　　　　森竹高裕　✉ ezy10157@nifty.com

【執筆者一覧】

岩瀬　丈洋（静岡市立城北小学校）
宇佐美吉宏（静岡市立安西小学校）
塩谷　　雅（静岡県焼津市立豊田小学校）
柴田　克美（静岡市立西奈小学校）
　　　　　　静岡教育サークル「シリウス」代表
鈴木　弘敏（静岡市立麻機小学校）
戸塚健太郎（静岡県焼津市立大井川中学校）
深澤　三佳（静岡市立伝馬町小学校）
松岡　　悟（静岡県藤枝市立青島東小学校）
　　　　　　藤枝教育サークル「亀の会」代表
水取　洋平（静岡市立清水岡小学校）
森竹　高裕（静岡市立安西小学校）

子どもがいきいき動き出す！
係活動システム＆アイデア事典

2015年3月初版第1刷刊　　©編著者　静岡教育サークル「シリウス」
2019年4月初版第6刷刊　　発行者　藤　原　久　雄
　　　　　　　　　　　　　発行所　明治図書出版株式会社
　　　　　　　　　　　　　　　　　http://www.meijitosho.co.jp
　　　　　　　　　　　　　（企画）矢口郁雄（校正）大内奈々子
　　　　　　　　　　　　　〒114-0023　東京都北区滝野川7-46-1
　　　　　　　　　　　　　振替00160-5-151318　電話03(5907)6701
　　　　　　　　　　　　　　　　　　　　　　　ご注文窓口　電話03(5907)6668

＊検印省略　　　　　　　　組版所　株式会社明昌堂

本書の無断コピーは、著作権・出版権にふれます。ご注意ください。

Printed in Japan　　　　　ISBN978-4-18-174210-2

大好評につき忽ち4刷

学級力がアップする！

教室掲示 & レイアウト アイデア事典

静岡教育サークル「シリウス」編著

教室の「いいね！」を集めたアイデア事典

子どもの個性が光る係活動のポスター、給食が楽しみになる献立表、教室がスッキリする収納術…などなど、小さな工夫ながら学級の雰囲気がガラッと変わる教室の掲示物やレイアウトのアイデアを、実際の写真とともに多数紹介。さぁ、学びの空間をデザインしよう！

A5判／144頁／1,700円＋税
図書番号：1153

明治図書 携帯・スマートフォンからは **明治図書ONLINEへ** 書籍の検索、注文ができます。
http://www.meijitosho.co.jp ＊併記4桁の図書番号（英数字）でHP、携帯での検索・注文が簡単に行えます。
〒114-0023 東京都北区滝野川7-46-1 ご注文窓口 TEL 03-5907-6668 FAX 050-3156-2790

＊価格は全て本体価格表示です。